Los Jóvenes en el Ministerio Celular

Los Jóvenes en el Ministerio Celular

Discipulando a la Próxima Generación, ¡Ya!

Joel Comiskey, Ph.D.

www.joelcomiskeygroup.com

CCS Publishing es una parte del ministerio de Joel Comiskey Group, un ministerio dedicado a ofrecer recursos y asesoramiento a líderes e iglesias del movimiento celular mundial.
www.joelcomiskeygroup.com

Elogios

"¡Una de las cosas más emocionantes que está sucediendo en las iglesias celulares alrededor de todo el mundo es cómo miles de jóvenes están siendo discipulados y también entrenados como líderes! Al leer el manuscrito de este libro, me fascinó tanto la profundidad con la que Joel Comiskey se ocupa de uno de los temas más importantes de la vida de la iglesia: "¿Cuál es la mejor manera de ser verdaderamente eficaz para discipular a la próxima generación?" ¡No puedo esperar porque nuestros pastores principales y ministros de jóvenes devoren este libro!" **(Abe Huber, líder del movimiento de la Igreja de Paz, Brasil).**

"Cuando Joel toma un tema sobre grupos celulares, puedes estar seguro que obtendrás un recurso bien investigado, lleno de ideas prácticas y estrategias probadas. Como ex Pastor de jóvenes con un ministerio basado en grupos, puedo decirles que Los Jóvenes en el Ministerio Celular es una caja de herramientas completamente equipada para cualquier líder que se tome en serio el discipular a la próxima generación". **(Andrew S. Mason, Fundador de SmallGroupChurches.com).**

"Este es uno de los libros más emocionantes que he tenido en mis manos. No se puede dirigir al ministerio celular sin capacitar a los miembros para evangelizar. Pero el contenido de este libro va más allá del evangelismo. La perspectiva bíblica del ministerio juvenil se articula claramente en este libro. Me encanta trabajar con gente joven, y creo que el trabajo de la juventud involucra más que servicios juveniles. Los jóvenes necesitan una razón para vivir mucho mayor. Empoderarlos es una deuda que debemos al futuro de la iglesia. Me he inspirado con la investigación de Comiskey. Las historias aquí son inspiradoras y la dinámica es típica de todos los libros de Joel. Recomiendo leer este libro a todos los que pueden ver el potencial de los jóvenes y los quieren discipular en el ministerio celular". **(Jorge Peña, fundador y pastor principal de Iglesia Restauración, Reseda, California).**

"La iglesia no es un barco de vela; es un barco de guerra. Nuestros adultos jóvenes lo han entendido y el pastor Joel se ha dado cuenta de que Dios se está moviendo a través de los jóvenes de todo el mundo. Los mejores pastores de la iglesia aún están por desarrollarse" **(Josué Bengtson, pastor y apóstol de la Iglesia Cuadrangular, Belém, Brasil).**

"Joel comienza con el por qué y luego pasa al qué y cómo. Esta progresión es vital porque el por qué se refiere a ver a los jóvenes conocer a Jesús, convertirse en discípulos de Jesús y luego plantar iglesias en todo el mundo. Joel escribe: "Un objetivo importante de este libro es ayudar a los lectores a analizar, investigar y prepararse para alcanzar a los jóvenes en su cultura particular—para convertirse en misioneros interculturales donde ellos mismos viven y trabajan". Porque "todo sube y baja en el liderazgo", Joel anima a los pastores juveniles a guardar su mente, corazón y alma. Por último, donde quiera que te encuentres tú o tu iglesia respecto a las células juveniles, recomiendo de todo corazón esta lectura integral, informativa, visionaria y edificante". **(Rob Campbell, fundador y pastor principal de Cypress Creek Church, Wimberley, Texas).**

"Con un gran respaldo bíblico y poderosos testimonios de la vida real, Joel Comiskey revela una visión clara para el ministerio celular juvenil. Estoy nuevamente inspirado con la increíble oportunidad que la iglesia tiene para alcanzar a la próxima generación. ¡Recomiendo este libro a cualquiera que no quiera, sólo "cuidar jóvenes", sino que instruirlos para ser discípulos de Jesús!" **(Robert Herber, Pastor Principal de All Peoples Church / Iglesia de Todos los Pueblos/, San Diego, California).**

"Joel ha sido una ayuda increíble para nuestra iglesia con respecto al ministerio celular. Me encanta su pasión por ver a los jóvenes llegar a conocer a Jesús y convertirse en discípulos. Estoy agradecido por su liderazgo reflexivo sobre el por qué y cómo discipular a los jóvenes a través del ministerio celular. Este libro te mostrará cómo". **(Zach Daniel, Pastor Principal, Antioch Community Church, /Iglesia Comunitaria Antioquía/Dallas, Texas).**

Reconocimientos

Estoy muy agradecido con aquellos que han contribuido en la redacción de este libro.

Anne White pasó mucho tiempo copiando y editando el manuscrito final. Ella sobresale en encontrar errores gramaticales y desenredar frases defectuosas. También aprecié sus comentarios oportunos sobre el contenido del libro, y siempre es una alegría trabajar con ella.

Una vez más Jay Stanwood me ayudó a simplificar frases complicadas y luego sugirió soluciones sencillas. De manera amable ofreció sugerencias y me ayudó a volver a redactar los párrafos que no tenían sentido. Las contribuciones de Jay hicieron de la versión final algo mucho mejor.

Bill Joukhadar se tomó el tiempo para revisar la versión final y aprecié su esfuerzo.

Scott Boren, mi editor principal, me guió para entender el panorama general y cómo organizar el material. Tomó un borrador, embebido de citas textuales y detalles, y me ayudó a mirar prácti camente al panorama general. Su experiencia me guió a lo largo de todo el proceso, y estoy muy agradecido por su edición.

Estoy muy agradecido con los pastores y líderes que estuvieron de acuerdo con permitirme entrevistas y preguntas sobre el ministerio juvenil. Los siguientes líderes contribuyeron con su visión para la realización de este libro: Joel Sanders, Blake Foster, Brian Sauder, Vinicius Motta, Thayana Machado, José Abaroa, Mario Vega y Armando Pavón.

ectos de este manuscrito. Su profundo conocimiento de la iglesia celular y del ministerio pastoral les ayudó a sugerir algunos cambios importantes. También señalaron sabiamente errores a lo largo del manuscrito.

John y Mary Reith tienen un don para dar ánimo. Vieron el manuscrito y me dieron gentilmente ánimo. Es todo un gozo leer sus comentarios.

Patricia Barrett señaló errores específicos e hizo sugerencias importantes. Estoy agradecido por su ayuda.

Tabla de Contenido

Introducción

John Alves aceptó a Jesús cuando tenía once años en un grupo celular infantil en la Iglesia de la Vid en Goiania, Brasil. Poco después asistió a un retiro espiritual llamado "Encuentro" y Dios lo sanó de bronquitis. Después del bautismo a la edad de doce años, comenzó un curso de discipulado que eventualmente lo llevó a dirigir un grupo celular juvenil, el cual multiplicó tres veces.

Mientras entrenaba a los líderes de la multiplicación, Dios puso un llamado en el corazón de John para convertirse en pastor. Recibió varias confirmaciones proféticas, y en 2011 entró en el equipamiento de la iglesia para futuros ministros. Después de dos años de equipamiento, John se convirtió en un pastor de tiempo completo supervisando una red de grupos celulares juveniles.

John ahora tiene veinticuatro años y es uno de los miles de pastores y misioneros de la Iglesia de la Vid que fueron discipulados cuando jóvenes y que ahora están en el ministerio. La Vid tiene un agudo enfoque en discipular a la próxima generación y un camino claro para que esto suceda.

La buena noticia es que la Iglesia de la Vid no está sola. Muchas iglesias, incluyendo las destacadas en este libro, están discipulando efectivamente a los jóvenes y los preparan para el ministerio a futuro. Este libro describe cómo las iglesias hacen esto y por qué el ministerio del grupo celular está perfectamente adecuado para discipular a la próxima generación para Jesús.

MI TRAVESÍA

Comencé a seguir a Jesús en septiembre de 1973 cuando tenía diecisiete años. Unos meses más tarde, yo estaba en un pequeño grupo que se reunía en el campus de la Preparatoria Millikan en Long Beach, California. Aprendí a orar en voz alta en el grupo, y había libertad para hacer preguntas. La Palabra de Dios se hizo viva para mí mientras interactuaba con otros. Tenía un lugar donde ir cuando estaba desanimado y un equipo que me ayudaba a vivir la vida cristiana en el campus de Millikan.

Cuando tenía diecinueve años, empecé a dirigir un grupo celular de jóvenes predominantemente de diecisiete a veintitrés años de edad que se reunían en la casa de mis padres. Crecimos juntos, experimentamos pruebas, debatíamos teología, discerníamos falsas enseñanzas y, sobre todo, desarrollamos amistades profundas y duraderas. Aprendimos a superar el conflicto, a amarnos los unos a los otros de manera práctica, y permitimos que el Espíritu de Dios trabajara entre nosotros. Éste era nuestro grupo, entre nuestros propios compañeros, y sentíamos que Dios hablaba a nuestra generación cada semana en el grupo celular.

Bob Burtch era el co-líder quien también dirigía la adoración. Como éramos buenos amigos, aceptaba sus críticas a mis mensajes bíblicos, aunque eran difíciles de aceptar. No sabía mucho acerca de la Palabra de Dios, pero compartía lo que sabía, y Dios vertía más en mí. A menudo mi enseñanza era superficial, pero el grupo celular era más que mi enseñanza Bíblica. Compartíamos la vida juntos y crecíamos espiritualmente mientras nos desafiábamos unos a otros.

Una noche invitamos para hablarnos a Ginger Powers, una misionera que traficaba biblias a Alemania Oriental. Sus palabras y su visión nos impactaron a todos. A través de sus palabras, Dios encendió un fuego en mi corazón para las misiones. Cuando tenía diecinueve años, estaba listo para ir con ella a Alemania, pero Dios tenía otros planes. No me di cuenta que una carrera en misiones podría requerir más preparación que simplemente hacer mis maletas y dejar Norteamérica. Eventualmente dejé a nuestro grupo celular para participar en un viaje juvenil corto de misiones, que me condujo a la universidad bíblica, y eventualmente a la carrera de misiones. Aunque el grupo me dejó ir, nos reuníamos para confraternizar durante mis vacaciones en la escuela bíblica, e incluso hasta el día de hoy mantengo contacto con algunos de los miembros del grupo original.

Jesús mismo eligió la atmósfera del grupo pequeño para preparar a sus discípulos. Pasó tiempo con sus jóvenes seguidores, interactuó con ellos y les enseñó a amarse los unos a los otros. Entonces les dijo: "Se me ha dado toda autoridad en el cielo y en la tierra. Por tanto, vayan y hagan discípulos de todas las naciones, bautizándolos en el nombre del Padre y del Hijo y del Espíritu Santo, enseñándoles a obedecer todo lo que les he mandado a ustedes. Y les aseguro que estaré con ustedes siempre, hasta el fin del mundo". (Mateo 28: 18-20). Los discípulos sabían exactamente qué hacer. Empezaron los ministerios de grupos en las casas los cuales se multiplicaron y cambiaron el mundo romano. Y los grupos celulares en las casas son igual de esenciales para la formación de discípulos hoy.

HACIENDO DISCÍPULOS

Cuando Jesús dio la Gran Comisión a sus discípulos, ellos sabían exactamente a lo que él se refería. Después de todo, Jesús lo había demostrado de manera práctica. Jesús preparó a su propio grupo de doce y los pastoreó durante tres años. En esa atmósfera celular, los discípulos fueron moldeados, formados, entrenados y luego enviados. Estos mismos discípulos se convirtieron en los principales líderes de la Iglesia primitiva.

Jesús no sólo ministró con estos discípulos durante el transcurso de tres años, sino que luego los envió a los hogares para establecer iglesias en las casas que se multiplicaran y luego se infiltraran en las comunidades de alrededor (Lucas 9 y 10). En otras palabras, el ministerio de casa en casa en pequeños grupos era la forma en que Jesús hacía discípulos, y esperaba que sus discípulos hicieran lo mismo. Las casas o apartamentos eran muy pequeños en el mundo antiguo, y eran excelentes lugares de reunión para hacer discípulos.

Los grupos pequeños siguen siendo el mejor campo de entrenamiento para futuros discípulos. José Abaroa, ministro de la juventud de la Iglesia Cypress Creek, en Wimberley, Texas, desafía a sus jóvenes para convertirse en discípulos que dirijan grupos de vida en los campus de secundaria y preparatoria. Él espera mucho de sus jóvenes, y ellos han respondido dirigiendo y multiplicando grupos celulares juveniles. Las células de preparatoria del campus se reúnen a la hora del almuerzo durante una hora y media. Los grupos son dinámicos, divertidos y motivadores. Los líderes de los grupos crecen más que los asistentes, ya que estos son desafiados a confiar en Jesús para ser usados por Él. José confía en que sus estudiantes son líderes capaces y pueden ministrar efectivamente a otros estudiantes, mientras se convierten en discípulos en el proceso.

José también reúne a las células juveniles como congregación el día domingo. Me dijo, "Ellos necesitan saber que siempre pueden contar con nosotros". José es un apasionado por el ministerio celular porque él mismo nació de nuevo y fue discipulado en una reunión del grupo de vida de Cypress Creek en el campus de la Universidad Estatal de Texas en San Marcos. Jesús transformó a José en el grupo de vida, y él quiere que otros más experimenten a Cristo de la misma manera, incluyendo a los estudiantes de secundaria y de preparatoria.

Algunos reaccionan negativamente a la palabra discípulo, pero el significado original significa simplemente alumno o pupilo.[1] Después de la resurrección de Cristo, la palabra discípulo fue ampliada para incluir palabras como creyente, santo, cristiano y hermano o hermana en Cristo. ¿Por qué? Porque después de Pentecostés, Dios estableció la Iglesia, la reunión de los creyentes, para ser el lugar principal donde ocurriría el discipulado.

Las células juveniles son una forma emocionante de hacer que los seguidores de Cristo sean moldeados, y transformados en el proceso. Descubriremos en este libro cómo las iglesias discipulan a los jóvenes a través de grupos celulares y encuentros juveniles más amplios. Veremos cómo las iglesias hacen la transición a las células juveniles, evitan los errores comunes en el ministerio juvenil e incluso plantan iglesias celulares para hacer discípulos en todo el mundo.

Capítulo 1

Trasfondo Bíblico para el Ministerio Juvenil

En todo el mundo Dios está transformando a la juventud a través del ministerio celular. Fellowship Church Grace (Iglesia Confraternidad de La Gracia) en Hong Kong prepara misioneros a través de las células juveniles y los envía a grupos de personas que no han sido alcanzadas en todo el mundo. La Iglesia Elim en El Salvador está convirtiendo a los pandilleros violentos en discípulos de Jesús a través de las células juveniles. A medida que los pandilleros reciben a Jesús, se convierten en parte de una verdadera familia espiritual, algo que ellos sólo habían soñado con encontrar a través de las pandillas. York Alliance Church (YAC) (La Iglesia de la Alianza York) en York, Pennsylvania está conectando a jóvenes con adultos a través de sus grupos celulares intergeneracionales. En el proceso, YAC ha conectado a los jóvenes con los adultos y ha establecido un proceso de orientación que continúa después de la universidad.

Lo que Dios está haciendo hoy con la juventud refleja el patrón bíblico de la obra de Dios en los jóvenes desde las primeras páginas de las Escrituras. Dios siempre ha dado prioridad a los jóvenes y nosotros también deberíamos hacerlo.

DIOS EMPIEZA CON LOS JÓVENES

Los nombres de Moisés, Josué, Abraham, José, Rut y David son muy conocidos tanto para judíos como para cristianos. Los púlpitos de todo el mundo proclaman a estos hombres y mujeres de Dios que se encuentran en las páginas del Antiguo y Nuevo Testamento. Sus nombres también aparecen en innumerables historias bíblicas en las escuelas dominicales, lecciones bíblicas para adultos e incluso en los medios seculares. Los llamamos héroes de la fe. Ellos alimentan nuestra imaginación de lo que Dios puede hacer y nos desafían a ser como ellos.

Sin embargo, a menudo pasamos por alto que Dios llamó a estos hombres y mujeres cuando eran jóvenes. Como jóvenes, Dios obró a través de ellos, los probó, y luego los llevó a tener una mayor influencia y posiciones de liderazgo. A través de sus testimonios, se nos recuerda que la juventud es un período de tiempo oportuno para que Dios inicie el proceso de discipulado. Dios ama hacer lo inesperado a través de la juventud y desafiar las falsas creencias de que sólo los adultos y más sabios pueden ser las herramientas especiales de Dios.

José, era un "joven de diecisiete años" cuando Dios lo interrumpió cuando dormía con unos sueños increíbles (Génesis 37: 5). Dios eventualmente usó a José para salvar al mundo del hambre y libertar a su familia, que era del linaje de Cristo, para tener prosperidad en Egipto. José escuchó a Dios y permaneció fiel durante los veintidós años que tardó el cumplimiento de esos sueños y la salvación de muchas vidas.

Josué fue la ayuda de Moisés desde "su juventud" (Números 11:28). Cuando Moisés intercedía con Dios en la tienda de reunión fuera del campamento, Josué lo acompañaba. Después de que Moisés recibió el mensaje para entregarlo al pueblo, "su joven ayudante Josué hijo de Nun no salió de la tienda" (Éxodo 33:11). El fuerte liderazgo de Josué se desarrolló a través de los muchos años en que Moisés fue su mentor. La influencia de Josué se puede ver por el hecho de que Israel siguió viviendo para Dios después de su muerte: "Durante toda la vida de Josué, el pueblo de Israel había servido al SEÑOR. Así sucedió también durante el tiempo en que estuvieron al frente de Israel los jefes que habían compartido el liderazgo con Josué y que sabían todo lo que el SEÑOR había hecho a favor de su pueblo". (Josué 24:31).

Samuel es otro excelente ejemplo del llamado de Dios a los jóvenes. Leemos que el "muchacho Samuel ministró delante de Jehová bajo el cuidado de Elí" (1 Samuel 3: 1). Primero escuchó la voz de Dios y el llamado como un niño. Cuando Samuel estaba "viejo y lleno de canas", testificó que desde el tiempo de su juventud había sido un líder para el pueblo de Israel (1 Samuel 12: 2).

Rut aún era una mujer joven cuando enviudó y siguió a Noemí hacia Belén (Rut 1).

David era un simple muchacho cuando derrotó a Goliat y atrajo la atención del rey. El desarrollo del carácter de David y las hazañas de la fe comenzaron cuando él era un niño pastor, cuidando de las ovejas (1 Samuel 17).

Josías fue rey a la edad de ocho años, y cuando él estaba en su adolescencia, Dios lo usó para traer una nación rebelde a Dios (2 Reyes 22: 1).

Daniel y sus amigos eran probablemente adolescentes cuando fueron conducidos a través del Creciente Fértil al cautiverio. Podemos imaginarlos como jóvenes, posiblemente a finales de su adolescencia, mientras testificaron de Yahweh e interpretaron los sueños del rey (Daniel 1-5).

Salomón dice en Eclesiastés 11: 9, "Sé feliz, jovencito, mientras eres joven, y que tu corazón te dé gozo en los días de tu juventud". Salomón concluye en Eclesiastés 11: 9-12: 1 que el objetivo principal de la vida es "recordar" a Dios mientras eres joven y todavía puedes determinar el curso de tu vida. Muchos adultos se han enredado en los asuntos del mundo, perdiendo la paz y la alegría de seguir a Dios de todo corazón y viviendo de acuerdo con su verdad.

María, la madre de Jesús, era una jovencita cuando el ángel se le apareció con noticias sin precedentes de su embarazo sobrenatural (Lucas 1: 26-38).

Algunos consideran que Jesús dirigió el primer "grupo juvenil", y se cree que los doce discípulos de Cristo probablemente tenían menos de dieciocho años[2]. La elección de los doce que hizo Cristo da un nuevo significado al ministerio juvenil y la motivación para discipular a los jóvenes.

El apóstol Pablo comenzó a trabajar con Timoteo cuando tenía aproximadamente dieciséis años. Pablo discipuló a Timoteo y lo preparó para convertirse en pastor de Éfeso, una iglesia muy importante. Exhortó a su joven discípulo: "Que nadie te menosprecie por ser joven. Al contrario, que los creyentes vean en ti un ejemplo a seguir en la manera de hablar, en la conducta, y en amor, fe y pureza." (1 Timoteo 4:12). Entonces le dijo a Timoteo: " Lo que me has oído decir en presencia de muchos testigos, encomiéndalo a creyentes dignos de confianza, que a su vez estén capacitados para enseñar a otros" (2 Timoteo 2: 2).

DISCIPULADO RELACIONAL

Hay más de cincuenta referencias directas sobre la frase "los unos a los otros" en las Escrituras, exhortando a la Iglesia a amarse los unos a los otros, a cuidarse los unos a los otros, a confesarse culpas entre sí y así sucesivamente. Estos pasajes que hablan sobre "los unos a los otros" enfrentan al individualismo, ayudan a la Iglesia de Cristo a reflejar el carácter de la Trinidad y a combatir la creciente despersonalización. Los jóvenes, como la Iglesia en general, están llamados a reflejar el carácter relacional y trino de Dios. Los grupos celulares juveniles brindan una oportunidad para que los jóvenes experimenten la interacción cara a cara y se conviertan en el proceso en discípulos relacionales.

Muchos jóvenes, especialmente en el mundo occidental, experimentan una profunda soledad. Llegan a una casa vacía, donde son criados por unos padres vacilantes llamados la televisión. Pasan horas y horas a solas en sus pequeños reinos llamados sus dormitorios. Más que cualquier otra generación, los jóvenes de hoy han tenido que criarse a sí mismos sin tener el beneficio de relaciones significativas.[3] Las células juveniles proporcionan esas relaciones íntimas— amigos con quienes pueden hablar, escuchar y compartir su vida. El experimentado Ron Hutchcraft, quien trabaja con jóvenes dice:

> La prioridad número uno para los jóvenes modernos son las relaciones. Harán casi cualquier cosa para conseguir una— y para luego mantenerla. Cuando un joven recibe algo que parece que podría ser una relación decente, él o ella pagará casi cualquier precio por ella. Las relaciones se han convertido en la prioridad número uno porque la privación crea valor. De lo que eres privado es a lo que das valor.[4]

Y es a través de estas íntimas conexiones que los jóvenes experimentan la sanidad. Cuando Carlos llegó por primera vez a la célula juvenil del sábado por la noche, le parecía tan extraño recibir un abrazo y oír las palabras "bienvenido a casa". Su madre nunca le dio un abrazo, ni mencionó la frase "te amo". Ella trabajaba doce horas cada día en una fábrica y tenía poca energía positiva para impartir a sus hijos. Su padre, un trabajador en la construcción, no había estado ni cerca por seis años.

Normalmente, el sábado por la noche, Carlos salía con sus amigos y fumaba marihuana y tomaba drogas. A los dieciséis años, Carlos había desarrollado un hábito de droga y fumaba marihuana varias veces al día. Sin embargo, algo sucedió ese sábado por la noche en la reunión celular. Carlos escuchó las buenas nuevas sobre la muerte y resurrección de Cristo y la posibilidad de vivir una vida abundante aquí y ahora. El líder de la célula juvenil parecía estarle hablando directamente a Carlos, y se dio cuenta que él necesitaba cambiar.

Carlos trató de resistirse a las palabras del líder de la célula, pero luego sucedió algo inesperado. El líder juvenil vino y se sentó a la par de Carlos y le dijo: "Jesús conoce tu tristeza y está dispuesto a ayudarte, siempre y cuando se lo permitas". En ese momento, Carlos ya no pudo contenerse. Se derrumbó, llorando incontrolablemente. Él asintió con la cabeza informando al líder que quería recibir a Jesús para que lavara sus pecados y se llevara su tristeza. "Una tremenda paz vino sobre mí", dijo Carlos. "Sentí como si un peso fue levantado de mis hombros." Carlos sintió amor por primera vez en su vida mientras los que estaban en la célula juvenil lo abrazaban, dándole la bienvenida a la familia de Dios. "Por primera vez" dijo Carlos, "sentí que tenía un propósito en mi vida". Desde ese día, la célula juvenil se ha convertido en una nueva familia, en un nuevo hogar.

Carlos nunca más usó marihuana. "Incluso me sentía asqueado por el olor de la marihuana", dijo. Él también desarrolló un amor profundo por su mamá, papá, hermanos y hermanas. Dijo, "La Iglesia Elim es mi nueva familia, y seguiré luchando por que toda mi familia pueda experimentar a Jesucristo, igual que yo lo hice". Carlos encontró una familia a través del grupo celular, un lugar para crecer espiritualmente, y está en el proceso de convertirse en un discípulo de Jesús. Las relaciones están en el corazón del ministerio de encarnación de Cristo. Brian Sauder, co-autor del libro Youth in Cell Ministry (La Juventud en el Ministerio Celular), escribe:

> Para que ocurra un cambio real en la vida de los adolescentes, especialmente en nuestro mundo posmoderno, los jóvenes tienen que experimentar, oír y ver la verdad antes de creerla. En el pequeño entorno relacional de los grupos celulares, los jóvenes pueden adquirir la responsabilidad y ser animados a asumir la responsabilidad por sus vidas. Pueden aprender a amar a Dios y encontrar la curación para su dolor más profundo.[5]

Aprender a someterse los unos a los otros y practicar un humilde servicio mutuo complace a Dios porque así es como las tres personas de la Trinidad se relacionan entre sí. Los jóvenes de todo el mundo están siendo transformados para ser como Dios a través de las conexiones íntimas en la célula.

MINISTROS JUVENILES

Las células juveniles eficaces esperan que todos se conviertan en ministros. Ellos aceptan la exhortación del apóstol en el último libro de la Biblia: " Al que nos ama y que por su sangre nos ha librado de nuestros pecados, al que ha hecho de nosotros un reino, sacerdotes al servicio de Dios su Padre, ¡a él sea la gloria y el poder por los siglos de los siglos! Amén."(Apocalipsis 1: 5-6)

Esta es una de las razones principales por las que Jesús escogió la atmósfera del grupo pequeño para impartir conocimiento a su propia célula juvenil. Cristo quería que la información se difundiera en las vidas de sus discípulos, por lo que mientras caminaba con ellos cada día durante tres años, no sólo les enseñó, sino que les pidió que interactuaran con otros y aplicaran sus enseñanzas. A veces, Jesús les permitía cometer errores para enseñarles lecciones importantes y ofrecer una aplicación práctica de sus enseñanzas (Mateo 14:22 y sig.).

Los jóvenes escuchan muchos sermones, pero esos mensajes son a menudo difíciles de aplicar hasta que se discuten. Los grupos pequeños permiten la discusión sobre cómo la verdad puede ser implementada en la vida de los estudiantes. Por ejemplo, si la enseñanza de la iglesia es sobre testificar de Cristo, un estudiante de un grupo pequeño puede hablar sobre las maneras particulares de cómo compartir de Jesús con sus compañeros de clase. La enseñanza se mueve de una plataforma impersonal de presentación hacia el grupo pequeño hasta llegar al estilo de vida del estudiante.

Muchos jóvenes no son desafiados. Están atrapados en el círculo vicioso de las bajas expectativas. No se les pide que hagan las cosas difíciles. Nadie espera mucho de ellos, e incluso ellos esperan menos de sí mismos. Las células están en una posición única para desafiar a los jóvenes a crecer en su fe, desarrollar relaciones, discipular a otros jóvenes y alcanzar un mundo perdido para Jesús.

Alex y Brett Harris escribieron una exitosa serie de blogs llamada The Myth of Adolescence (El Mito de la Adolescencia) que eventualmente se convirtió en un libro bestseller titulado *Do Hard Things: A Teenage Rebellion Against Low Expectations (Haz Cosas Difíciles: Una rebelión Adolescente Contra las Bajas Expectativas).*

Ellos señalan que los adolescentes desean un significado más profundo y deben ser desafiados a cumplir sus sueños.[6]

El Espíritu Santo es capaz de hacer cosas asombrosas a través de jóvenes que confían en él y están dispuestos a sobresalir. Un pastor de una iglesia celular en África, refiriéndose a los líderes estudiantiles, dijo: "Si bien ellos pueden ser jóvenes, el Espíritu Santo en ellos no es un niño". El mismo Espíritu Santo funciona igual de poderosamente en los jóvenes como en los adultos.

Thayana, uno de los pastores de la juventud a cargo de los grupos celulares en una iglesia Cuadrangular en Belem, Brasil, está ayudando a romper el molde del ministerio juvenil tradicional y está mostrando a otros que la juventud puede lograr mucho. Thayana lideró su primer grupo pequeño en la iglesia Cuadrangular en Belem cuando ella tenía catorce años. Hablaba emocionada de Jesús en su escuela— invitando a sus amigos a su grupo celular. Su grupo condujo a tantas personas a Jesús y al bautismo en agua que en un año se había multiplicado en dos grupos y luego dos más el año siguiente. Para cuando tenía dieciséis años, ya tenía cinco grupos pequeños bajo su cuidado. Cuando Thayana tenía diecinueve años, se convirtió en una de las pastoras de la red. Ahora hay más de 200 grupos pequeños que surgieron a partir del que ella comenzó. Ella supervisa personalmente una red de ochenta y tres células.

Thayana es excepcional en su liderazgo y habilidades de supervisión. Ella también está en una iglesia que permite a los jóvenes prosperar. Todos los cristianos son animados a participar activamente en el ministerio celular. De hecho, el ministerio celular juvenil se opone a la idea de que sólo el pastor de jóvenes haga todo el trabajo mientras el resto de los jóvenes se sientan y escuchan¬— y quizás participen en unos pocos programas.

La participación es lo central de la célula. Nadie se sienta como un espectador solamente. Mientras los jóvenes comparten sus historias, piden oración y se ministran unos a otros, son transformados en el proceso. Se convierten en los ministros y crecen como discípulos de Cristo. De hecho, los mejores líderes de células fortalecen a otros. Son facilitadores. La palabra facilitar significa hacer fácil, y los mejores facilitadores facilitan la participación de otros. Descubren los dones y talentos de los miembros del grupo. Sólo hablan un treinta por ciento del tiempo y alientan a los del grupo a hablar el setenta por ciento restante. Hablar, por supuesto, es sólo un aspecto de la vida celular. La participación es mucho más amplia e implica una participación activa en cada parte del grupo celular.

JUVENTUD DOTADA

Los dones del Espíritu han sido entregados libremente a todos, sin importar la edad, género o raza. 1 Pedro 4:10 nos dice que todos los nacidos del Espíritu tienen al menos un don espiritual. Los jóvenes, de hecho, son los principales candidatos para usar sus dones espirituales porque abundan en energía y están dispuestos a practicar lo que Dios les ha dado. Esperan que Dios se mueva y, a diferencia de muchos adultos, no se han endurecido y limitado en su pensamiento acerca del poder y la voluntad de Dios. Kara Powell escribe,

> No existe evidencia bíblica que los dones sean dados a los creyentes en una cierta edad. Más bien, se otorgan cuando cualquier niño, adolescente o adulto entrega su vida a Cristo. La iglesia, el cuerpo continuo de Cristo, requiere que sus miembros sean de todas las edades y ejerciten estos dones para mantenerse sanos y productivos (1 Corintios 12: 14-20).[7]

La Antioch Community Church (Iglesia Comunitaria Antioquía), con sede en Waco, Texas, comenzó como un movimiento
juvenil en el campus de la Universidad de Baylor y ahora planta
iglesias en todo el mundo, centrándose en los jóvenes quienes
a su vez alcanzarán un mundo perdido para Jesús. No es una
iglesia pentecostal tradicional, pero alientan a los jóvenes a usar
sus dones espirituales. Mi hija de 22 años, Nicole, abrió recientemente un grupo de preparatoria en una iglesia Antioquía en La
Mirada, California. Ella describe su experiencia:

> Cada joven que había entrado por la puerta del grupo de
> vida estaba llorando durante la adoración mientras orá-
> bamos por ellos, hablábamos palabras proféticas sobre
> sus vidas y escuchábamos lo que salía de sus corazo-
> nes. La cabeza de una estudiante fue sanada, otra joven
> decidió dar su vida al Señor completamente por primera
> vez, y todos fueron profundamente tocados por Jesús.
> Al final de la noche, uno de los estudiantes comenzó a
> llorar y declaró que, "¡Seguramente, éste es el comienzo
> de un movimiento juvenil!" Las semanas que siguie-
> ron fueron tan sobrenaturales mientras los estudiantes
> comenzaban a ministrarse los unos a los otros. Cada
> semana nos íbamos más sorprendidos por la belleza y el
> poder de Dios.[8]

En el grupo celular cada persona juega un papel esencial. De
hecho, aquellos que tienen un papel más visible no son los
más importantes. Las partes que no se ven reciben un honor
especial. El cuerpo necesita el uno del otro para ser sano y completo. El objetivo es que todos participen, descubran sus dones
y ministren a otros.

Dios establece a la juventud en su cuerpo sobrenatural y orgánico según los dones del Espíritu (1 Corintios 12-14). En los
tres pasajes principales en los que Pablo habla del cuerpo de

Cristo, él define la parte de cada miembro en el cuerpo por sus correspondientes dones (Efesios 4, Romanos 12- 1 Corintios 12-14). La enseñanza de que la Iglesia es el cuerpo de Cristo es para recordar a la Iglesia que cada creyente es valioso y esencial y necesita ejercer sus dones.[9] Aquellos en la iglesia primitiva del Nuevo Testamento tuvieron la oportunidad de interactuar entre ellos mientras se reunían en las iglesias de las casas. Crecieron juntos como discípulos mientras ejercitaban sus dones espirituales y se ministraban unos a otros.

Los grupos pequeños son una atmósfera ideal para experimentar el poder de Dios, descubrir dones espirituales y ministrarse los unos a los otros. El grupo pequeño lleno del Espíritu, de hecho, era la iglesia "normal" en el Nuevo Testamento; nunca fue visto como una "adición" a la "verdadera" iglesia. El grupo pequeño era la iglesia. Estas pequeñas iglesias en las casas se reunían en un grupo más grande para las celebraciones corporativas siempre que era posible, pero las pequeñas iglesias en las casas, llenas del Espíritu, eran el principal vehículo a través del cual el cuerpo de Cristo creció en el período del Nuevo Testamento.

Las células juveniles efectivas y los líderes celulares juveniles hacen discípulos de la misma manera que Jesús los hizo. La célula es lo suficientemente pequeña para movilizar a cada persona y para involucrarla en el uso de sus dones y talentos. Ginny Ward Holderness hace eco de esto: "La experiencia ha demostrado que los jóvenes estarán involucrados activamente en el ministerio juvenil si se apropian de él. Necesitan sentir que el ministerio juvenil les pertenece, que todo lo que sucede en su iglesia les pertenece. Poseerlo, conducirlo y cuidarlo".[10] Cuando el grupo es pequeño e íntimo, la gente se siente cómoda en participar debido a que esta participación se realiza cara a cara.

DE GENERACIÓN A GENERACIÓN

Mi buena amiga Daphne Kirk dirige un ministerio llamado De Generación a Generación. Ella cree que preparar a la próxima generación es el mayor énfasis de Dios en las Escrituras y su objetivo principal en la Iglesia de hoy. Como lo declaró el Salmista: " Cada generación celebrará tus obras   y proclamará tus proezas" (Salmos 145: 3-4). No todas las generaciones tienen éxito en hacer esto. La generación que siguió al Éxodo de Egipto, por ejemplo, "no conocía al Señor ni lo que había hecho por Israel" (Jueces 2:10). Los padres no lograron inculcar en sus hijos el verdadero conocimiento de Dios y sus grandes obras.

Alcanzar a la próxima generación es lo que mueve al ministerio juvenil. Es el celo de transmitir la verdad de Dios a aquellos que serán los líderes de la Iglesia del mañana. La súplica de Pablo a Timoteo para transmitir su conocimiento a personas fieles es de lo que trata el ministerio juvenil (2 Timoteo 2: 2). Cada generación debe ser enseñada sobre quién es Dios y lo que ha hecho por la humanidad. Es falso suponer que las generaciones futuras abrazarán completamente el cristianismo porque sus padres fueron cristianos. La realidad es que la fe tiende a disiparse y a perder su entusiasmo con la próxima generación.

Priorizar la generación futura significa preparar a los jóvenes ahora. Así como las iglesias de las casas del Nuevo Testamento desarrollaron el liderazgo futuro en un ambiente cálido e íntimo, la célula proporciona un ambiente ideal para desarrollar a la próxima generación. Hay muchos jóvenes en este momento que podrían cambiar el curso de la historia en nuestras ciudades, países y naciones. Dios quiere darnos una nueva visión para hacer discípulos de la juventud con el fin de equiparlos para cambiar al mundo y remodelar el futuro.

Capítulo 2

Un Llamado Misionero

Mi esposa y yo fuimos misioneros durante once años en Quito, Ecuador. Así como Jesús vino a esta tierra, nuestro objetivo era llegar a una cultura que hablaba un idioma diferente y tenía costumbres y manierismos muy diferentes de los nuestros y ser buenas nuevas para ellos. Estudiamos mucho, fracasamos mucho y aprendimos a disfrutar el proceso. El ministerio juvenil se parece mucho a las misiones extranjeras. Aquellos que trabajan con jóvenes necesitan aprender otra cultura y relacionarse con unas personas que tienen diferentes esperanzas, aspiraciones y necesidades.

Blake Foster dirige el ministerio juvenil de la escuela secundaria en Antioch Community Church (Iglesia Comunitaria Antioquía) (ACC) en Waco, Texas. Se convirtió en un seguidor de Jesús cuando tenía veintiséis años cuando era estudiante de primer año en la Universidad de Baylor y fue discipulado en esta misma iglesia. Cuando se graduó de Baylor, se preparó para pagar sus préstamos e ir al campo misionero. De hecho, él y su esposa sentían un llamado a las misiones y estaban considerando ir al

33

Medio Oriente para difundir el evangelio. El ministerio juvenil nunca estuvo en su mente hasta que el pastor de la universidad le preguntó si estaría dispuesto a considerarlo. Él y su esposa tomaron tiempo para orar y ayunar. Durante ese período de tiempo recibió una profecía acerca de caminar a través de la puerta abierta y sintió que Dios lo estaba llamando para decir que sí.

Hasta ese momento, Foster estaba acostumbrado a ministrar a adultos jóvenes, no a los jóvenes. Pero Dios le mostró que los jóvenes eran su nuevo campo misionero. Cuando entrevisté a Foster, la frase "misiones interculturales" surgió una y otra vez. "Veo a mis amigos en Instagram, y a veces me gustaría estar ministrando a los de mi grupo de edad", dijo Foster. "Sin embargo, Dios me ha llamado a mi nuevo campo misionero de jóvenes". Foster se dio cuenta que no podía ministrar eficazmente a la juventud sin entusiasmo. Para esto se requiere una inmersión total. "Tienes que estar involucrado de todo corazón y con el alma, no puedes hacerlo a medias, tienes que estar inquieto para permitir que Dios ensanche tu territorio y tu propio corazón, tienes que estar dispuesto a llorar con aquellos que lloran y a regocijarte con los que se regocijan".

COMPRENDIENDO A LA JUVENTUD

Cada cultura definirá a la juventud un poco diferente. Los jóvenes en San Salvador, El Salvador enfrentan problemas únicos, como la guerra entre pandillas. Los jóvenes que crecen con la cultura de la alta tecnología del condado de Orange, California se enfrentan a desafíos tales como estar demasiado ocupados, el materialismo y la indiferencia. Al igual que los misioneros, aquellos que trabajan con jóvenes necesitan estudiar al público que será su objetivo. Sin duda, algunas presiones y características juveniles son similares en todos los jóvenes de todo el mundo, pero incluso esas similitudes están cambiando constantemente.

Un objetivo importante de este libro es ayudar a los lectores a analizar, investigar y prepararse para alcanzar a los jóvenes en su cultura particular⌐— para convertirse en misioneros interculturales donde viven y trabajan.

El término adolescencia proviene de la palabra latina adolescere, "crecer", y se usa con mayor frecuencia para describir la pubertad hacia la edad adulta o la madurez.[11] La palabra adolescente no entró en boga sino hasta principios de los años cincuenta y proviene de la cultura popular. Mark H. Senter III explica:

> La palabra adolescente fue un producto de la era de la Segunda Guerra Mundial. Aparentemente utilizado por primera vez en la revista Popular Science (Ciencia Popular) en 1941, el término fue rápidamente adoptado por el mundo de la publicidad para etiquetar el grupo demográfico de entre trece y diecinueve años de edad. La guerra transformó prematuramente a los jóvenes mayores en adultos, reclamando sus esfuerzos para las fuerzas armadas o como apoyo en el esfuerzo bélico a través de su empleo para industrias vitales. Esto dejó a los estudiantes de preparatoria y sus contrapartes de la escuela secundaria como un grupo único. Ellos se convirtieron en ese grupo distintivo llamado adolescentes.[12]

La juventud normalmente comienza a los trece años hasta que la persona se responsabiliza de sus acciones. La mayoría de las culturas estaría de acuerdo en que la juventud termina cuando la persona se convierte en un individuo responsable que ya no depende de los padres. Pero también existe la cuestión de los grupos de edad. Por ejemplo, los que tienen de trece a dieciséis años tienen necesidades diferentes a las de los de diecisiete a veintiún años. Aquellos que trabajan con adolescentes jóvenes deben ser sensibles a su nivel de madurez, no deben pensar que se están desarrollando más rápido de lo que en realidad lo están haciendo.[13] La edad de los jóvenes también determinará cuánta supervisión adulta necesitan. Los jóvenes de séptimo a noveno grado, por ejemplo, necesitan mucha más atención que los que están cursando el último año de la preparatoria.

Convertirse en un misionero para los jóvenes implica descubrir las reglas básicas que motivan a los jóvenes a comportarse de la manera en que lo hacen. Steve Gerali, experto en el campo de la adolescencia y el ministerio juvenil, escribe:

> Ser como adolescentes implica sumergirse en su cultura. Cuando los misioneros van a campos extranjeros, aprenden los lenguajes, las costumbres, las prácticas, las tradiciones y los valores de las personas que están tratando de alcanzar. Para entender completamente a la comunidad, deben traer esas prácticas a su hogar. Hablan el idioma dentro del contexto de su familia para adaptarse a la comunidad. Ellos practican las costumbres y tradiciones para que puedan relacionarse con las personas. Se hacen todo para todos, a fin de salvar a algunos por todos los medios posibles.[14]

Al igual que los misioneros que aprenden un idioma y una cultura, aquellos que son efectivos para alcanzar a los jóvenes necesitan involucrarse en el mundo social de los jóvenes. Implica comprender y experimentar esas cosas que afectan a la juventud hoy. Los mejores jóvenes misioneros conocen a los adolescentes mejor que a los adolescentes se conocen a ellos mismos.[15]

CONVIRTIÉNDOSE EN BUENAS NUEVAS

Dios mismo se encarnó en el mundo romano del primer siglo para convertirse en buenas nuevas para esa cultura. Las Escrituras nos dicen que el Verbo se hizo carne y habitó entre nosotros (Juan 1: 1). Los misioneros hacen lo mismo. Aquellos que quieren ser buenas nuevas para los jóvenes deben conocer sus angustias, sus luchas y cómo la Palabra de Dios resuelve esos asuntos particulares.

Cuando mi esposa y yo llegamos a Costa Rica en abril de 1990 para ser misioneros de tiempo completo con la Alianza Cristiana y Misionera, anhelamos hablar español correctamente porque sabíamos que pronto seríamos misioneros en Ecuador. Al estudiar la lengua española, aprendimos que Dios da gracia en la debilidad. En lugar de decir, "Me gustaría conocerte", decía "me gustaría cocinarte". Algunos de mis errores más hilarantes en español no los puedo repetir en público.

Empecé a aprender español cuando tenía treinta y tres años. Clasificar los sonidos en español era difícil para mí. Para compensar mi falta de talento natural, tuve que estudiar durante horas. Como un niño, aprendí la importancia de seguir las reglas gramaticales y la lógica de la lengua española. Sabía, sin embargo, que tomarme el tiempo al principio tendría un impacto a largo plazo en mi ministerio en América Latina.

Luego tuvimos que aprender las costumbres y la cultura de Ecuador. Escribí largos artículos sobre la cultura ecuatoriana, tratando de entender a las personas a las que iba a alcanzar. Pero al final tuvimos que vivir entre esa cultura y conocer a los ecuatorianos. Todas nuestras investigaciones y estudios fueron insuficientes. Sólo después de vivir realmente entre los ecuatorianos año tras año aprendimos realmente sobre sus costumbres, cultura y anhelos de corazón. A menudo aprendimos a través de las pruebas, al cometer errores, ser corregidos, y luego repetir el proceso. Poco a poco empezamos a sentirnos seguros de que estábamos avanzando y llegando a nuestra gente en su propio lenguaje.

El tamaño del abismo entre los jóvenes y los que trabajan con los jóvenes depende de la edad, los antecedentes o la educación del que trabaja con los jóvenes. Pero el abismo siempre existe. Los que trabajan con jóvenes no deben apaciguar las normas culturales que se apartan del mensaje bíblico, más bien es importante exponer las verdades bíblicas de manera que sean atractivas para la juventud.

Joel Sanders, pastor de jóvenes en All People's Church (La Iglesia de Todos los Pueblos) en San Diego, destacó a un voluntario de la iglesia que se convirtió en un entrenador de fútbol en la escuela preparatoria local para relacionarse mejor con aquellos a quienes estaba tratando de alcanzar. Este mismo voluntario comenzó a dirigir un grupo de vida juvenil y un club cristiano en el campus. "Él se preocupa por los jóvenes y ellos lo saben", dijo Sanders. "Él se ha ganado su confianza al conocerlos y ser su amigo, y los jóvenes lo aman".

Y llegar a conocer a los jóvenes de hoy requiere tiempo. Troy Jones, ministro de la juventud de las Asambleas de Dios, cree que se necesitan seis años para realmente comenzar el ministerio juvenil.[16] Su punto es que aquellos que ministran a la juventud necesitan dedicar el tiempo suficiente para saber lo que hace que la juventud sea lo que realmente es. Es común ver que los que trabajan con jóvenes, ya sean voluntarios o a sueldo, se desmotiven muy rápido.

AHONDANDO

El libro Blind Descent: *The Quest to Discover the Deepest Place on Earth (Descenso a Ciegas: La Búsqueda para descubrir el lugar más profundo de la Tierra)* es una fascinante historia sobre la exploración de cuevas. El Autor James M. Tabor ilustra vívidamente cómo los mejores exploradores de cuevas se adentran cada vez más profundo en las cavernas, golpeando ligeramente en paredes, pasando debajo de corrientes, y arrastrándose a través de grietas para encontrar entradas en las cuevas. Los mejores ministros de jóvenes no están satisfechos con la comunicación superficial, eligiendo más bien profundizar para conocer mejor a la juventud y crecer en un compromiso a largo plazo donde las relaciones florezcan. Las misiones interculturales entre los jóvenes son similares. Duffy Robbins dice,

> El ministerio juvenil es un ministerio intercultural. Requiere que personas de una cultura (adultos) —con un conjunto de valores y costumbres en cuanto a moda, ocio, música, etc. — crucen al mundo de otra cultura (adolescentes) con su lenguaje distintivo, costumbres, artes y preferencias.[17]

El ministerio de Blake Foster para los jóvenes en la Iglesia Comunitaria Antioquía le llevó a concluir que uno de los mayores problemas que enfrenta su grupo de personas y la juventud de Texas, es comunicarse entre sí. "Los jóvenes pasan por conflictos, pero no pueden articular sus batallas con nadie más", dijo Foster. "También tienen problemas con la comunicación cara a cara, pueden enviar un texto a alguien, pero les cuesta ser reales y vulnerables ante las personas". Foster se ha percatado que los jóvenes de los Estados Unidos pasan alrededor de 7.5 horas diarias haciendo multitareas en diversos dispositivos mediáticos.[18] Una gran parte del problema de la comunicación cara a cara se debe a las innumerables horas que interactúan con dispositivos impersonales en lugar de con personas reales.

Y, por supuesto, los medios de comunicación en línea y su forma impersonal de comunicarse no es sólo un problema de Norteamérica. Los jóvenes de todo el mundo se conectan cada vez más a través del Internet, ya sea que vivan en China, Argentina, India, Europa, partes de África o Estados Unidos. Aquellos que ministran a los jóvenes deben tener esto en mente y alcanzarlos en su territorio— ese que está profundamente influenciado por el Internet.

En última instancia, la mejor manera de llegar a la juventud es a través del amor de Jesús y alentando a los jóvenes a involucrarse en el ministerio ellos mismos. Foster dijo: "Hasta que el joven realmente esté practicando lo que él o ella ha aprendido, el crecimiento es tristemente limitado". Y el involucrarse puede ser algo complicado. Los jóvenes no crecen en espacios aislados y privados. Lo hacen públicamente, y sus acciones pueden volver locos a los adultos quienes se olvidan de su propia crianza, la cual fue problemática. Eugene Peterson escribe:

> Los adolescentes, más que nada, están creciendo. No lo hacen en silencio. No se quedan en sus habitaciones creciendo aislados; no restringen su crecimiento a los tiempos cuando se sienten seguros entre sí. Su crecimiento se desborda, de manera no sistemática y por todas partes. De esta manera, los adolescentes que enérgicamente modelan y estimulan constantemente el crecimiento, son el regalo de Dios para los padres que están en peligro de ser detenidos en su propio crecimiento.[19]

Aquellos que están comprometidos a amar y a entender a la juventud descubrirán maneras efectivas de ganarlos y convertirse en buenas nuevas en el proceso.

VENTANA DE OPORTUNIDAD

Dios está trabajando activamente entre los jóvenes hoy en día. De hecho, la investigación ha demostrado que alrededor del ochenta y cinco por ciento de las personas que hacen un compromiso con Jesucristo están haciendo ese compromiso antes de la edad de dieciocho años, y aquellos que no hacen el compromiso a esta edad probablemente nunca lo harán.[20] Ron Hutchcraft dice:

> Hay una conclusión que me ha conducido por más de treinta años en el ministerio. Al menos tres cuartas partes de todos los que aceptan a Jesucristo lo hacen alrededor de los dieciocho años. Cuando vayas a la graduación de la escuela preparatoria local y veas a los jóvenes caminando por esa plataforma, debes darte cuenta que aquellos que no conocen a Cristo probablemente vivirán y morirán y pasarán la eternidad sin Él. La iglesia de Jesucristo no tiene nada más urgente que hacer que alcanzar a las personas antes de que sus vidas se vuelvan difíciles— y mientras aún son jóvenes.[21]

El ministerio juvenil es un momento importante para alcanzar y ministrar a aquellos que están en sus años de formación y están listos para que algo suceda en sus vidas. Ellos quieren cambiar al mundo para Jesús y están dispuestos a involucrarse en ese cambio. Alcanzar a la juventud aquí y ahora debe ser una prioridad para aquellos que están en el ministerio, sabiendo que sus mentes todavía están abiertas para el evangelio y están dispuestos a ser discípulos para el Maestro.

Capítulo 3

Sistema Juvenil Orgánico

El cuerpo humano está compuesto de aproximadamente cien billones de células individuales que trabajan juntas para producir un cuerpo humano completamente funcional. Existe una relación simbiótica especial entre las células individuales y el cuerpo humano. Uno no puede existir sin el otro. Las células biológicas no son entidades independientes que funcionan por sí solas. Dependen del ecosistema del resto del cuerpo, y la salud de todo el cuerpo se deriva de cada célula individual. A veces, la alteración de una sola célula puede cambiar drásticamente todo el cuerpo.

De la misma manera, los grupos celulares individuales no son independientes del resto del cuerpo. Más bien, cada célula es parte de un todo aún más grande y se nutre del resto del cuerpo de Cristo. Cuando las células juveniles se reúnen en reuniones más grandes, los jóvenes son animados por el grupo más grande, se les recuerda de la visión común y reciben una enseñanza más profunda.

PRINCIPIOS ESENCIALES

En la mayoría de las iglesias, las células juveniles son una categoría homogénea entre otros tipos, que pueden incluir células familiares, células infantiles, células de hombres, células de mujeres, y así sucesivamente. E incluso las iglesias que comenzaron sólo con los jóvenes, como Dove Christian Fellowship (Fraternidad Cristiana Paloma) y Antioch Community Church (Iglesia Comunitaria Antioquía), eventualmente tienen que diversificarse a medida que la congregación envejece.

Algunas iglesias celulares han crecido lo suficiente como para contratar a un pastor de jóvenes. El pastor de jóvenes supervisa a las células juveniles y a la congregación juvenil, mientras que otros supervisan a las células familiares, las células de hombres, y así sucesivamente. Sin embargo, la mayoría de las iglesias comienzan con líderes de jóvenes voluntarios que supervisan a las células y reciben entrenamiento del pastor principal. La mayoría de las iglesias celulares enfatizan las siguientes características:

- Células
- Congregación
- Culto de celebración
- Equipamiento
- Supervisión
- Oración y Misiones

En los capítulos siguientes, cubriré la supervisión y el equipamiento, pero el enfoque de este capítulo es definir la célula, la congregación y la celebración.

CÉLULA

La célula es un grupo de 3-15 personas, que se reúnen semanalmente fuera del edificio de la iglesia con los propósitos de evangelismo, comunión y crecimiento espiritual con el objetivo de hacer discípulos que hagan discípulos, acción que resulte en la multiplicación celular.

En los siguientes capítulos, exploraremos dos tipos diferentes de grupos celulares juveniles. Yo no inventé estas categorías. Yo las reconocí. Simplemente aparecieron en mi investigación.

El primer tipo es la célula intergeneracional, que implica la reunión de jóvenes con adultos y otros grupos de edad en la misma célula. Exploraremos cómo es este tipo de célula, y ofreceré un ejemplo de iglesias que las están usando. Algunas iglesias comienzan con grupos celulares intergeneracionales donde los jóvenes están presentes, pero eventualmente comienzan células dirigidas por jóvenes.

El segundo tipo de célula es la célula dirigida por estudiantes o dirigida por jóvenes. Éste es el tipo más común de grupo celular juvenil en mi investigación, y la frase "dirigido por jóvenes" resume este tipo de grupo. El liderazgo juvenil no significa que los adultos están completamente ausentes. Los adultos suelen abrir sus hogares, servir como anfitriones, supervisores y capacitadores.

Mientras que las células deben permanecer pequeñas para la intimidad relacional y la transparencia, la reunión de esas células en un culto congregacional es ilimitada, dependiendo del crecimiento de la iglesia y la instalación.

CONGREGACIÓN

La congregación en la iglesia celular es la agrupación de células específicas en una reunión más grande. Si la iglesia tiene grupos celulares de mujeres, tal vez esas mujeres se reúnan para un tiempo congregacional de enseñanza y ministerio. Lo mismo ocurre con los hombres. No todas las iglesias celulares reúnen a sus células homogéneas en reuniones congregacionales, pero el ministerio juvenil casi siempre lo hace. La congregación o culto juvenil no reemplaza a la celebración del domingo, por lo que el ministerio juvenil normalmente incluye la célula, la congregación y la celebración.

Las congregaciones de jóvenes pueden reunirse semanalmente, mensualmente o sólo ocasionalmente. Los jóvenes de la Antioch Community Church (Iglesia Comunitaria Antioquía) en Waco, Texas, se reúnen semanalmente en un escenario congregacional. Los estudiantes de secundaria tienen su propio servicio congregacional y los estudiantes de preparatoria se reúnen por separado el miércoles por la noche. Se anima a todos los jóvenes a ir al servicio de celebración el domingo por la mañana.

Algunos grupos de jóvenes encontrarán que una reunión congregacional mensual es lo mejor. Nuestro ministerio juvenil en Ecuador descubrió que en las reuniones semanales se invertía demasiado tiempo. Decidimos que la reunión congregacional de jóvenes sería una vez al mes. Los grupos juveniles comienzan en diferentes lugares. Sauder y Mohler aconsejan: "En una iglesia pequeña, es posible que sólo haya suficientes jóvenes para formar una célula al principio. A medida que el grupo crece y se multiplica, también se puede implementar una reunión de celebración juvenil donde se junten todas las células juveniles."[22]

Entonces, ¿qué caracteriza a las reuniones cualitativas de la congregación juvenil? Sugiero lo siguiente:

Inspirador: Sinónimos de inspirador incluyen: estimulante, emocionante, refrescante y vigorizante. Tú podrías incluso utilizar la palabra divertido. Christian Schwarz escribe: "La gente que asiste a servicios verdaderamente "inspirados" típicamente indican que "ir a la iglesia es divertido".[23] La creatividad guiada por el Espíritu debería caracterizar las reuniones congregacionales de los jóvenes.

Sanders cree que los jóvenes necesitan sentir que son parte de algo más grande que ellos mismos. Aunque su objetivo no es atraer a una multitud, se da cuenta de que los jóvenes se sienten atraídos por las reuniones más grandes. Dijo: "Es natural que los jóvenes quieran ser parte de algo emocionante".

Bien planificado: El Espíritu Santo hace que un servicio sea emocionante, pero él también acepta la planificación diligente de nosotros. La espontaneidad inspirada en los encuentros congregacionales juveniles efectivos es generalmente el resultado de la planificación previa.

Sólida enseñanza: el líder juvenil debe usar el tiempo congregacional para enseñar la Palabra de Dios de una manera creativa e interesante. Las dramatizaciones también son instructivas, así como los testimonios de vidas cambiadas. El PowerPoint puede ayudar. Enseñar la Palabra de Dios es fundamental, pero la adoración, las dramatizaciones y los testimonios deben tener un papel importante.

CELEBRACIÓN

El culto de celebración es cuando la iglesia entera (todos los grupos de edad) se reúne normalmente un domingo por la mañana. Jóvenes y adultos se reúnen para escuchar la Palabra de Dios. Algunas congregaciones de jóvenes han crecido hasta convertirse en su propia reunión de celebración. Es decir, los jóvenes tienen su propio "servicio dominical" y no asisten a la celebración del resto de la iglesia. Cuando esto sucede, los jóvenes ya no tienen un evento congregacional. El culto de celebración se convierte en su reunión juvenil.

La Misión Carismática Internacional es un ejemplo. La iglesia decidió hacer de la congregación juvenil del sábado por la noche uno de los cinco servicios de celebración. Cuando eso sucedió, los jóvenes ya no asistían a los cultos dominicales. La Yoido Full Gospel Church (Iglesia del Evangelio Completo de Yoido) en Corea es otro ejemplo de los servicios juveniles de domingo. La YFGC (por sus siglas en inglés) tiene dos servicios de celebración de domingo dedicados específicamente a la juventud.

MÁS ALLÁ DE LOS JÓVENES

En los años setenta, llenábamos la camioneta marrón de mi amigo Rob, de jóvenes y conducíamos veinticinco minutos por la autopista 405 para escuchar a Greg Laurie dar su estudio bíblico semanal del lunes en la Capilla del Calvario, Costa Mesa

El pastor Laurie llenaba el auditorio con miles de jóvenes. Era divertido, relevante y hablaba nuestro idioma. Laurie nos desafió a cambiar al mundo para Jesús, y muchos lo hicieron. Otros se cayeron. Pero todos, sin excepción, crecieron. El propio Greg Laurie tiene sesenta y cuatro años (nacido en 1952) y su mentor, Chuck Smith, ha pasado a la gloria.

Tener un sistema celular que da prioridad a diferentes grupos de edad ayuda a asegurar que los jóvenes puedan elegantemente convertirse en adultos jóvenes, jóvenes casados, adultos e incluso ancianos. De hecho, más y más iglesias están tratando de conectar a los jóvenes con los adultos desde el principio, sabiendo que el ministerio juvenil tiene un objetivo en movimiento. Es decir, la juventud desaparece rápidamente en un instante.

De hecho, algunas iglesias prefieren comenzar con el fin en mente y conectar de inmediato a los jóvenes con los adultos. Ellos minimizan un ministerio de jóvenes por separado en favor de las reuniones intergeneracionales. Y ciertas iglesias han visto grandes frutos con su ministerio intergeneracional, como veremos en el próximo capítulo.

Capítulo 4

Grupos Celulares Intergeneracionales

Cuando Jacob Shuey estaba en cuarto grado, formó parte de un grupo intergeneracional (GI) en la York Alliance Church (Iglesia de la Alianza York). Continuó con ese grupo intergeneracional durante toda su adolescencia y ahora, diecinueve años más tarde, a la edad de veintinueve años, dirige un grupo intergeneracional. "Es increíble escuchar la sabiduría de una persona de sesenta años cuando sólo eres un adolescente", él me dijo. "De eso se trata los grupos intergeneracionales". Cuando su familia se mudó a York, Pensilvania, toda su familia se involucró en un grupo intergeneracional. Su padre y tres hermanos menores siguen formando parte de grupos de vida y se han mantenido fieles a Jesucristo.

Los grupos intergeneracionales son tan antiguos como las iglesias de las casas del Nuevo Testamento porque esos primeros grupos eran intergeneracionales. Conectaron a los padres, a los adolescentes, a los niños, y a la familia extensiva. El libro de los Hechos habla de hogares enteros que participaban en

51

la fe cristiana y describe la vida de la iglesia que ocurría en los hogares de los creyentes. La Biblia se refiere a la Iglesia como la casa de Dios o la familia de Dios (1 Timoteo 3:15, Efesios 2:19, Gálatas 6:10).

RETORNANDO AL MINISTERIO INTERGENERACIONAL

Mientras leía la literatura sobre el ministerio juvenil en preparación para escribir este libro, a veces me sentía abrumado con las resmas de sugerencias sobre cómo mantener a los jóvenes interesados, atraer nuevos visitantes y dirigir un grupo de jóvenes sin problemas. Pero también noté otra corriente en el ministerio juvenil moderno que está alejándose de la juventud como una entidad aparte y tratando de conectar a los jóvenes con adultos y padres.

Wayne Rice es un supervisor del ministerio juvenil ampliamente respetado. Durante años, dirigió seminarios juveniles y escribió manuales juveniles dinámicos dirigidos a grupos de jóvenes en iglesias locales. Él proporcionó recursos para vigorizar los servicios juveniles dentro de la iglesia.

Ahora, en los últimos años, ha comenzado a aconsejar no tener un servicio juvenil por separado. Ahora cree que la juventud debe ser integrada en las reuniones y programas para adultos.[24] Dice lo siguiente:

> Proporcionar un servicio juvenil puede parecer inofensivo, incluso beneficioso, pero cuando entrenamos a los adolescentes a creer que el servicio regular de adoración de su iglesia es inadecuado tanto en estilo como en contenido, socavamos no sólo la unidad de la iglesia y sus tradiciones sino la posibilidad de que vuelvan a la iglesia cuando crezcan y sean demasiado viejos para el grupo juvenil.[25]

Muchos de los expertos de la juventud de una época pasada ahora están repudiando los mismos programas juveniles por los que abogaron una vez. A medida que estos especialistas de la juventud han ido envejeciendo, criado a sus propios hijos y reflexionado sobre el ministerio de jóvenes, han reconocido la insuficiencia de eventos y programas juveniles para hacer discípulos. La nueva tendencia es que los ministros de jóvenes conecten a los jóvenes con los adultos de la iglesia e involucren a los padres de manera más íntima en el ministerio de los niños. David Kinnaman y Aly Hawkins escriben:

> El concepto de dividir a las personas en varios segmentos basados en sus edades es un artificio muy moderno, el cual emerge en parte a partir de las necesidades del mercado durante los últimos cien años. En una abdicación equivocada de nuestro llamado profético, muchas iglesias han permitido ser internamente segregadas por la edad.[26]

Los grupos celulares intergeneracionales proporcionan una respuesta importante para conectar a los jóvenes con santos mayores y más maduros y también para establecer lazos de conexión duraderos. Los jóvenes y los adultos interactúan cada semana, y cuando los jóvenes van a la universidad, las conexiones se mantienen. Los jóvenes tienen la necesidad de tener mentores mayores, y los adultos necesitan la vitalidad de los jóvenes.

¿CÓMO ES UN GRUPO INTERGENERACIONAL?

Los grupos intergeneracionales son como células normales. Siguen un orden similar, se reúnen en hogares semanalmente, y duran aproximadamente una hora y media. El refrigerio y el compañerismo siempre están presentes. Las células intergeneracionales pueden rotarse de casa en casa o tener una permanente.

Normalmente siguen los pasos que incluyen la bienvenida, la adoración, la palabra y los testimonios. Si los niños están presentes (edades de 4-12 años), se quedan con todo el grupo para el tiempo de bienvenida y adoración y luego se separan y van a otra habitación para el tiempo de la palabra y los testimonios.

Para un estudio más profundo de los pasos que incluyen la bienvenida, la adoración, la palabra y los testimonios, por favor consulta el libro de Joel Comiskey, *How to Lead a Great Cell Meeting So People Come Back (2001)*. *(Cómo Dirigir una Grandiosa Reunión Celular para que las Personas Regresen, 2001)*.

Los jóvenes en grupos intergeneracionales participan con otros adultos desde el principio hasta el final. Esto requiere que los líderes adultos sean sensibles a las necesidades de los jóvenes, les permitan participar e incluso les den responsabilidades especiales, como dirigir la adoración, la lección, la oración, etc. Personalmente, pienso que los mejores grupos rotan responsabilidades entre los miembros que están dispuestos, y los jóvenes necesitan participar plenamente tomando su turno.

Al igual que todos los grupos celulares, el objetivo es edificar a los presentes, lo que literalmente significa "construir". Pablo escribió a la iglesia de Corintios: "¿Qué concluimos, hermanos? Que cuando se reúnan, cada uno puede tener un himno, una enseñanza, una revelación, un mensaje en lenguas, o una interpretación. Todo esto debe hacerse para la edificación de la iglesia" (1 Corintios 14:26).

La célula es la atmósfera ideal para que la vida de las personas sea reconstruida y para que crezcan en la gracia y el conocimiento de Jesucristo. En el grupo pequeño, el Espíritu Santo, el Maestro Alfarero desafía y cambia a la gente. El ambiente íntimo del grupo pequeño hace posible que esta edificación tenga lugar.

Yo recomiendo seguir los cuatro pasos de la reunión, y con el paso del tiempo, un líder más experimentado aprenderá a variar el orden de acuerdo a las necesidades del grupo.

El tiempo de *bienvenida* (15 minutos) destaca un rompehielos que anima a las personas a conocer a los otros miembros del grupo. Una pregunta rompehielos podría ser: ¿Qué te gusta hacer en vacaciones? O ¿Cuál es tu pasatiempo favorito? La idea es conectar a cada persona del grupo con todos los demás.

El tiempo de *adoración* (20 minutos) se centra en Dios, ya que la iglesia existe para darle gloria. Ya sea que haya un instrumento o no, el objetivo es reconocer a Dios a través de la adoración. Un grupo puede adorar cantando alabanzas, orando, leyendo un Salmo, o meditando en Dios en silencio. Si se utilizan alabanzas, es una gran idea proporcionar una hoja de alabanzas con las alabanzas listadas para esa noche (normalmente 3-4 alabanzas en la hoja). Muchos grupos usan un video de YouTube, un CD de adoración o simplemente cantan sin instrumentos. Entre las alabanzas, el líder de adoración debe permitir que los miembros del grupo ofrezcan una frase de alabanza, una oración o una confesión silenciosa.

El tiempo de la *Palabra* (40 minutos) en un grupo intergeneracional se centra en permitir que la Palabra de Dios hable a todos los presentes, ya sean jóvenes o viejos. Las lecciones de células suelen tener alrededor de tres a siete preguntas basadas en un pasaje de las Escrituras. Es una gran idea para el líder permitir que los jóvenes dispuestos tomen turnos en la facilitación de las preguntas, lo que ayudará a los jóvenes a madurar a través de la participación.

Los grandes líderes son facilitadores que animan a otros a compartir sus pensamientos y aplicar la Palabra de Dios. No son maestros de la Biblia o predicadores. Los líderes celulares no deben hablar demasiado porque el objetivo no es la información, sino la transformación. Los grandes líderes ayudan a evitar que el grupo hable sobre la política mundial, las críticas a la iglesia, o las opiniones de diferentes autores. Una vez más, el objetivo es aplicar la Palabra de Dios a la vida diaria. Las personas deben irse cambiadas por el mensaje eterno de Dios.

Los miembros pueden leer los versículos de la Biblia en voz alta. Sin embargo, el líder sólo debe pedírselo a las personas que se sientan cómodas leyendo en público para evitar avergonzar a nadie. Es importante que el facilitador dé una breve explicación del pasaje de la Biblia — sin predicar. De lo contrario, los miembros no sabrán cómo responder a las preguntas, sin conocer el contexto bíblico. El facilitador no tiene que ser un experto en la Biblia para hacer esto.

Muchas iglesias basan sus lecciones de las células en la predicación de la mañana del domingo, y el facilitador puede tomar notas mientras el pastor está predicando el mensaje, sabiendo que él o ella cubrirá ese tema durante la reunión celular de la semana siguiente. Si la lección de la célula no está conectada con el sermón, el facilitador se preparará revisando los versículos bíblicos antes de la reunión celular.

El tiempo de los *testimonios* (15 minutos) es la última parte de la reunión celular. Se centra en alcanzar a otros y puede incluir la planificación de una actividad evangelística, la preparación para algún tipo de acción social de alcance, o la oración por los amigos y familiares que necesitan a Jesús.

Los jóvenes deben ser participantes plenos en todos los aspectos de la célula. Aunque un adulto normalmente dirige el grupo intergeneracional, es posible que los jóvenes también dirijan el grupo. La Iglesia de la Alianza York es un gran ejemplo de cómo funcionan los grupos intergeneracionales.

IGLESIA DE LA ALIANZA YORK (YORK ALLIANCE CHURCH) Y CÉLULAS INTERGENERACIONALAES

Cuando la York Alliance Church (Iglesia de la Alianza York) en York, Pensilvania hizo la transición de una iglesia basada en un programa a una iglesia celular, determinó que las células serían intergeneracionales.[*] Al pastor Brian Kannel le encantaría decir que fue una decisión sabia, bien pensada, con profundas bases teológicas, pero ese no fue el caso. Más bien, había muchos niños, y la iglesia necesitaba saber qué hacer con ellos. Los grupos intergeneracionales respondieron esa pregunta. Y en los últimos quince años, han visto crecimiento y madurez en los niños, jóvenes y adultos.

La iglesia comenzó con grupos celulares homogéneos, pero notaron un problema. Las jóvenes parejas casadas tenían preguntas y problemas que eran muy típicos para las parejas casadas jóvenes: ¿Cómo decido qué casa comprar? ¿Cuándo debemos empezar a tratar de tener una familia? Y así, preguntaron a otros en su comunidad. Previsiblemente, no obtuvieron buenas respuestas. Así que en su ignorancia tomaron las mejores decisiones que pudieron.

Mientras tanto, a medida que el grupo de jubilados se conectaban entre sí, descubrieron que, si bien tenían muchas respuestas, ninguno de ellos realmente tenía preguntas. Cuando hablaron entre sí y compararon sus problemas y pesares y la dolencia actual del día, descubrieron que no tenían la energía para ni siquiera hacer preguntas.

---

*Una gran parte del material en esta sección proviene de varios blogs que Brian Kannel escribió en Joel Comiskey Group en mayo de 2012: http://joelcomiskeygroup.com/blog_2/2012/05/30/our-journey-into-childrens-cells/. He editado este material, pero algunas de las palabras de Kannel son literales.

La iglesia descubrió rápidamente que las células intergeneracionales no eran simplemente una estrategia para cuidar a los niños. Con una comunidad intencionalmente integrada, los adultos jóvenes tenían hombres y mujeres mayores que hablaban con sabiduría a sus vidas. Los niños de repente tenían múltiples abuelos adoptivos que los amaban y cuidaban. La energía de las vidas jóvenes fue de alguna manera infundida en una generación mayor.

Los adolescentes ya no eran simplemente instruidos por un patrocinador juvenil; una familia entera estaba invirtiendo en ellos. Los hombres solteros tenían una familia con quien cenar; las viudas tenían compañía; los padres con hijos mayores tenían una vez más a niños corriendo por las salas de sus casas, a quienes podían enviar de regreso a sus propios hogares cuando estaban dispuestos a gozar de nuevo de la bien ganada y reservada paz.

Las células intergeneracionales conectan lo mejor de ambos mundos. Reúnen a las familias para discipular a los niños. Edifican tanto a los jóvenes como a los viejos. Idealmente, una célula intergeneracional consiste en los jóvenes, los niños, sus padres, adultos solteros, parejas jóvenes casadas, y parejas mayores o solteros. Sin embargo, no tiene que tener todas estas edades.

HACIENDO LA TRANSICIÓN HACIA CÉLULAS JUVENILES INTERGENERACIONALES

La Iglesia de la Alianza York intentó muchas cosas cuando empezó el ministerio celular en 1995. De hecho, Brian Kannel, el actual pastor principal, era el pastor de jóvenes cuando empezó la transición al ministerio celular. Comenzaron con grupos celulares dirigidos por estudiantes usando el material de Ted Stump (ver capítulo cinco), pero Kannel sintió que los estudiantes pronto comenzaron a entender la dinámica, cómo responder a las preguntas y eventualmente se interesaron menos.

La Iglesia de la Alianza York trató de integrar a los jóvenes dentro de un grupo intergeneracional normal junto con los propios padres de los jóvenes. Eso funcionó mejor, pero todavía había problemas. Algunos jóvenes no querían quedarse con sus padres. Mientras el equipo de liderazgo pensaba en lo que debía hacer, uno de los líderes, Stacy Pope, dijo: "¿Por qué los estudiantes no asisten a grupos celulares regulares donde sus padres no estén presentes?". Fue un momento en el que todos estuvieron de acuerdo. Esta iglesia decidió agrupar a los jóvenes en un grupo intergeneracional donde sus padres no estaban presentes. De esta manera, los adolescentes serían vistos como miembros "normales" de la célula. La iglesia de York normalmente combina tres o cuatro jóvenes juntos y luego los coloca en un grupo intergeneracional. Kannel dijo: "Los adolescentes son animales de rebaño y les gusta estar juntos en grupos. Es difícil para un adolescente llegar a un grupo de adultos y sentirse cómodo".

El objetivo de los grupos intergeneracionales en la Alianza York es tratar a los jóvenes como adultos. Todo el proceso ha funcionado muy bien para ellos. Se dirigen a los jóvenes en los grados de noveno y décimo, y también preparan un grupo intergeneracional para encargarse de los jóvenes. Los jóvenes llegan al grupo por su cuenta. Participan igual que los adultos. Los jóvenes se turnan con la dirección, la lección de la célula, la adoración, el rompehielos y así sucesivamente.

LOS JÓVENES TIENEN UNA REUNIÓN CONGREGACIONAL

La Iglesia de la Alianza York tiene una reunión congregacional de jóvenes. Es decir, los jóvenes de los diferentes grupos intergeneracionales se reúnen el miércoles por la noche en una reunión congregacional juvenil normal. Esta iglesia incluso tiene un pastor de jóvenes, pero el pastor de jóvenes está promoviendo constantemente los grupos intergeneracionales de vida, y entiende que la manera principal en que la juventud será atendida será en un grupo intergeneracional. La hija de Kannel, por ejemplo, recientemente trajo una amiga al servicio de la celebración del domingo que había estado llegando al ministerio juvenil el miércoles por la noche. Kannel se da cuenta de que para que esta amiga realmente crezca, tendrá que conectarse con un grupo intergeneracional. La reunión congregacional juvenil proveyó un punto de entrada para crear interés, pero el grupo intergeneracional es donde los jóvenes son discipulados. Kannel dice que entre el cincuenta y el sesenta por ciento de los jóvenes está en grupos intergeneracionales.

La congregación de jóvenes se reúne el miércoles por la noche y alrededor del treinta y cinco por ciento de los que asisten no están en grupos intergeneracionales. Ellos se dividen en grupos pequeños el miércoles por la noche, pero no clasifican a estos grupos como células. Cualquier persona que quiera involucrarse en el liderazgo o en el ministerio juvenil debe comprometerse primero a asistir a un grupo intergeneracional. Los jóvenes hacen otras actividades, como retiros y acercamientos, pero el compromiso de los grupos intergeneracionales es fundamental y es el lugar principal donde sucede el discipulado.

BENEFICIOS

A lo largo de los años, la Iglesia de la Alianza York ha notado varios beneficios de su énfasis en los grupos intergeneracionales.

En primer lugar, cuando los adolescentes van a grupos de vida donde sus padres no están presentes, están más dispuestos a abrirse y compartir lo que realmente está en sus corazones. Se sienten como parte normal de la célula, en lugar de sólo dirigir a los niños durante el Espacio para Niños.[27] Kannel dijo: "Tenemos adolescentes de doce o trece años que dirigen la lección, el culto y la oración por la evangelización". En otras palabras, los jóvenes son participantes activos en la célula. Ellos crecen y maduran como todos los demás.

Segundo, los jóvenes establecen relaciones con otros adultos en la iglesia, y los adultos construyen relaciones con ellos. Los jóvenes reciben nuevas perspectivas sobre los adultos que no son sus padres.

En tercer lugar, proporciona una estructura de cuidado natural para ellos cuando entran en la universidad y vuelven a casa. Kannel dijo: "Es emocionante ver los fuertes lazos entre los jóvenes y sus grupos celulares cuando van a la universidad. Los jóvenes conocen a personas que están orando por ellos, y tienen una familia espiritual con la cual conectarse. El grupo intergeneracional va con ellos por todo el camino hasta que regresan de la universidad. Mientras que, en la universidad, permanecen conectados a través del e-mail, comparten las luchas, y reciben oración. Sin los grupos intergeneracionales, la persona universitaria a menudo solo se despediría de las conexiones". "Ahora", dijo Kannel, "el 90% de los estudiantes universitarios que regresan al área de York se reconectan con su grupo celular intergeneracional".

Finalmente, y quizás lo más importante, es que da a los jóvenes una base para su propia fe. Los jóvenes lo ven en términos del hebreo "Bar-Mitzvá", un acontecimiento de madurez a la edad de doce o trece años. El joven abandona los confines del grupo de sus padres y comienza su propio viaje de fe. El joven aprende a poner palabras a su convicción personal en medio de una comunidad solidaria.

DEBILIDADES

La Iglesia de la Alianza York reconoce las debilidades de sus grupos intergeneracionales. La principal debilidad es la falta de evangelismo. Les ha resultado difícil a los jóvenes invitar a sus amigos a un ambiente intergeneracional donde hay adultos y niños. Quizás sea porque los amigos no se sienten cómodos alrededor de otros adultos, o porque toma tiempo para que los jóvenes se acostumbren a los adultos que están presentes.

Otra limitación se refiere a si la célula de adultos realmente da la bienvenida a los jóvenes. Si el grupo intergeneracional no está dando la bienvenida de verdad, los jóvenes lo perciben, y esto simplemente hace que no funcione bien. Si los adultos del grupo no dan prioridad a los jóvenes, no funciona. Los adultos del grupo intergeneracional necesitan entrar en el mundo de los jóvenes y hacer que los jóvenes se sientan como en casa.

Desde que Kannel se ha convertido en el pastor principal, hay una gran afluencia de niños. No es raro tener ocho niños por grupo intergeneracional. Esos niños se están convirtiendo en jóvenes y se les animará a involucrarse en un grupo intergeneracional. La Iglesia de la Alianza York está preparada para dar la bienvenida a esos jóvenes en sus grupos intergeneracionales con la esperanza de que se convertirán en discípulos y que se conectarán en una familia íntima.

CÉLULAS DE RESTAURACIÓN RESEDA Y CÉLULAS INTERGENERACIONALES

La Iglesia de Restauración es una Iglesia de Elim ubicada en Reseda, California y conectada con el pastor Mario Vega y el movimiento de Elim de El Salvador. Cada año, mi ministerio (Joel Comiskey Group) tiene una conferencia en la Iglesia de Restauración y tanto Mario Vega como yo hablamos sobre temas de la iglesia celular. Los participantes ven pancartas enormes que declaran las metas celulares anuales—400 grupos celulares en 2016. Desde los grupos celulares iniciales en el año 2000, la iglesia ha crecido a 4,000 adultos y 1,500 niños, con más personas en las células que en la celebración. La iglesia de Restauración es una emocionante iglesia celular que está alcanzando a los latinos de Los Ángeles y que ejemplifica la eficacia del ministerio de la iglesia celular en Norteamérica.

El Pastor Jorge Peña, pastor principal, fue enviado a la ciudad de Reseda, California en el año 2000 con un grupo de células familiares de la iglesia central en Los Ángeles. Anteriormente, Jorge había madurado en un grupo celular, se había convertido en un co-líder, líder, líder de multiplicación, supervisor, líder de una red y luego fue enviado a plantar iglesias a Reseda donde comenzó el proceso con un nuevo grupo de personas. En un año, este grupo de células familiares se había convertido en una iglesia de 300 miembros que estaban comprometidos a alcanzar la ciudad para Jesús, y la iglesia no ha dejado de crecer.

El aspecto único de la iglesia de Reseda es la integración de jóvenes y adultos en las células. Esta iglesia no tiene células juveniles. Más bien, los jóvenes están integrados en las 380 células de adultos de la iglesia. Esta es una característica creativa de la Iglesia de Restauración, ya que la Iglesia Elim central en San Salvador tiene células dirigidas por jóvenes, como veremos en los siguientes capítulos.

Armando Pavón es el pastor de jóvenes de tiempo completo en la Iglesia de Restauración. Aunque Armando se convirtió en un servicio de celebración de Elim en 2003, también participó activamente en un grupo celular desde el principio. En tres meses, estaba dirigiendo un grupo celular y en dos años, había multiplicado su célula cuatro veces. Éste es el patrón para todos aquellos que están en el ministerio en la Iglesia de Restauración, como lo es en la mayoría de las iglesias celulares de todo el mundo.

Al igual que otras células intergeneracionales, los jóvenes de la Iglesia de Restauración interactúan con los adultos, y la mayoría de los jóvenes asisten a las células con sus padres. De hecho, el ochenta por ciento de los jóvenes entre trece y diecisiete años asisten a los grupos celulares junto con sus padres. Alrededor del quince por ciento de los jóvenes van con sus amigos a un grupo celular y cinco por ciento van solos a un grupo celular porque sus padres no asisten a la iglesia.

Los grupos celulares son en español, pero muchos de los jóvenes hablan mucho mejor el idioma inglés. "Éste ha sido un tema espinoso" admitió Armando. "Continuamos haciendo hincapié en el español porque la mayoría de los adultos emigraron de América Latina a Reseda y todavía no dominan el inglés". Aunque esta iglesia aún no ha comenzado células puramente en inglés, podría hacerlo en el futuro.

Otro aspecto único en la Iglesia de Restauración es que cada célula tiene un representante de la juventud que reporta al representante de la zona sobre las necesidades de los jóvenes dentro de ese grupo en particular. Cada mes, el Pastor Armando se reúne con cada representante de la zona para hablar sobre las necesidades de la juventud. Oran, planifican y visitan a los jóvenes que necesitan atención especial.

Los jóvenes en esta iglesia incluyen a cualquier persona entre trece y veinticinco años de edad, pero hay dos categorías específicas: de trece a diecisiete y de dieciocho a veinticinco años de edad. Aquellos que tienen entre dieciocho y veinticinco años a menudo dirigen las células intergeneracionales (hay aproximadamente cien líderes en esta categoría). Sin embargo, esto es mucho menos común entre las edades de los trece a diecisiete años. Aunque la Iglesia de Restauración nunca intente promover células juveniles, algunas células naturalmente gravitarán hacia las personas más jóvenes.

Todas las iglesias Elim tienen una reunión de planificación semanal y la Iglesia de Restauración también sigue este patrón. Las reuniones de planificación, como los grupos celulares, son intergeneracionales. El equipo central, (tanto jóvenes como adultos) de cada célula se reúne los martes o miércoles para planear la próxima célula del sábado. A los del grupo de planificación se les asignan cosas que hacer y ministerios que cubrir.

Los jóvenes se reúnen cada semana para una reunión congregacional. Debido a que hay tantos jóvenes reunidos en toda el área de Reseda, hay cuatro reuniones congregacionales juveniles separadas de alrededor de ochenta jóvenes cada semana, dependiendo de cuándo una determinada zona llega a la iglesia para la enseñanza bíblica.[28]   Luego, una vez al mes, todos los jóvenes se reúnen para una reunión congregacional más grande, con un drama y una enseñanza dinámica. Hay entre unos 600-700 jóvenes en estos eventos. Los jóvenes asisten a uno de los servicios dominicales, al igual que todos en la iglesia.

CÉLULAS INTERGENERACIONALES DANDO A LUZ A CÉLULAS JUVENILES

Los jóvenes a menudo sienten el impulso interior de formar células con sus propios compañeros. Los adultos deben animar a la formación de estos grupos e incluso ofrecerles ayuda. Una de las debilidades de las células intergeneracionales es la falta de participación juvenil, y esto se debe en parte a que los adultos no son lo suficientemente proactivos para incluir a los jóvenes en la vida de la célula. Los adultos, como las águilas madre, pueden ayudar en el proceso permitiendo a los jóvenes a lanzar sus propios grupos celulares. A veces, de hecho, es mejor que los jóvenes sean lanzados del nido, para que puedan volar por su cuenta y aprender con sus propios compañeros.

Daphne Kirk, experta en el ministerio intergeneracional, anima a los grupos intergeneracionales a cultivar grupos celulares dirigidos por jóvenes que han sido plantados a partir de grupos intergeneracionales. Ella escribe: "La célula intergeneracional puede estar activamente involucrada con la célula juvenil a través de la oración y el apoyo". [29] Kirk alienta la libertad de los jóvenes para permanecer en el grupo intergeneracional, sin desalentar la formación de células juveniles. Cuando se forman las células juveniles, es importante vincularlas con el grupo intergeneracional central. Los adultos del grupo intergeneracional pueden desempeñar un papel importante en la oración por la juventud, siendo anfitriones del grupo y siendo mentores del liderazgo juvenil.

Ralph Neighbor dice algo similar: "Los líderes de las células juveniles obtienen su modelo y reciben apoyo tanto espiritual como práctico de sus células intergeneracionales".[30]   Tanto Daphne como Neighbour creen que hay un lugar importante tanto para las células dirigidas por jóvenes como para los grupos intergeneracionales y que uno no debe excluir al otro.

Todos los adultos alguna vez fueron jóvenes y saben que la madurez es un proceso de por vida. Los jóvenes eventualmente tendrán que luchar sus propias batallas y crecer espiritualmente por su cuenta. Las células juveniles son una gran herramienta para que puedan ejercer sus dones y talentos en la presencia de sus contemporáneos. Sin embargo, es muy difícil hacerlo sin el apoyo de los padres y otros adultos. Por ejemplo, los adultos deben abrir sus hogares, conducir a los jóvenes a la célula y alentar a los jóvenes a que hagan tiempo para asistir a las células juveniles.

Aquellos que plantan una iglesia celular probablemente comenzarán con los grupos intergeneracionales y eventualmente comenzarán las células juveniles a medida que crezca la iglesia. Los primeros líderes de las células juveniles serán atendidos y discipulados por el líder del grupo celular intergeneracional, convirtiéndose en parte de la primera red de liderazgo. El joven sería responsable de reunirse con su supervisor de manera regular. Philip Woolford, un plantador de iglesias de células en Australia, plantó células juveniles a partir de su célula intergeneracional. El escribe:

> Se han establecido dos células homogéneas (niños y niñas) a partir de esta célula de adultos. Son dirigidas por los jóvenes, y ellos mismos asumen la responsabilidad pastoral. La célula de los varones se reunía inicialmente con los adultos y luego, después de la bienvenida/adoración se retiraba para el momento de la palabra y tiempo de testimonios. Esto permite que los jóvenes se vayan y establezcan sus propias células mientras permanecen conectados a sus "células familiares" para recibir apoyo, instrucción y vínculos familiares.[31]

La conexión con el grupo intergeneracional en las etapas iniciales es esencial en la transición. Nuestra propia iglesia en Moreno Valley comenzó con una sola reunión de células intergeneracionales en mi casa en 2003. Mis hijos participaban en el grupo intergeneracional para el rompehielos y la adoración y luego se iban a otra habitación durante el tiempo de la "Palabra" (tiempo de enseñanza) para su lección de célula. A medida que fueron creciendo, querían crear su propio grupo celular juvenil. Mi esposa fue fundamental en el entrenamiento de Nicole nuestra segunda hija y de Chelsea la tercera, en cómo conducir la célula, qué material utilizar, y especialmente con los tiempos de las

preguntas. Mis hijos crecieron y maduraron en sus propias células juveniles, pero fueron supervisados y apoyados por adultos.

Los jóvenes de la Dove Fellowship (Fraternidad Cristiana
Paloma) (fundada por Larry Kreider) asistieron a las células
intergeneracionales hasta que Dios dio a luz en ellos el deseo
de iniciar sus propias células juveniles.[32] Los adultos ayudaron
en el proceso de formación de células juveniles, y el proceso
fue muy orgánico y natural. Sauder y Sarah Mohler describen la
experiencia de Dove:

> Las células juveniles se convirtieron en un lugar informal
> y casual donde los jóvenes podían llevar a sus amigos.
> Tuvimos el cuidado de no decir que estas células juveni-
> les eran mejores que las células de adultos/familiares. A
> medida que se expandían, no requeríamos que los jóve-
> nes asistieran a las células juveniles. Se les dio la libertad
> de ir con sus padres a la célula familiar o de involu-
> crarse en una célula juvenil, lo que mejor se adaptaba
> a sus necesidades. Pensamos que era importante que la
> juventud se sintiera afirmada y no forzada en un solo
> patrón. Eventualmente, sin embargo, la mayor parte de
> la juventud se involucró en las células juveniles, junto
> con algunos de sus amigos que fueron salvos. ¡Un grupo
> celular de compañeros era demasiado emocionante para
> pasarlo de largo![33]

Dove quería asegurarse de que los padres estuvieran involucrados en el proceso de toma de decisiones, por lo que dieron total
libertad a los padres para mantener a sus hijos adolescentes en
su grupo intergeneracional o para permitirles participar en las
células juveniles. Sauder dice:

> Con el consentimiento de los padres, los adolescentes
> más jóvenes pueden unirse a las células juveniles ya

existentes. Los jóvenes de mayor edad, naturalmente se convierten en mentores de los jóvenes que están buscando modelos a seguir. Por supuesto, el líder de esa célula y los miembros de la célula deben estar a favor de que jóvenes de su edad se unan a la célula porque los adolescentes más jóvenes son menos maduros emocionalmente.[34]

Al principio, la mayoría de los jóvenes de Dove asistían a grupos celulares con sus padres en grupos intergeneracionales, pero el problema era la falta de participación. A menudo terminaban sentados en las reuniones celulares, mirando aburridos a sus zapatos, y se salían a jugar al baloncesto, o a cuidar a los niños durante la reunión celular.[35]

El grupo de liderazgo en Dove notó que los jóvenes no estaban creciendo realmente en los grupos intergeneracionales. La juventud necesitaba ser empujada para madurar. La Dove Christian Fellowship (Fraternidad Cristiana Paloma) decidió poner en marcha dos células juveniles, compuestas de nuevos cristianos que no eran de familias cristianas. Las dos células juveniles se reunían semanalmente, pero también había una reunión semanal de jóvenes para todos los jóvenes en un ambiente congregacional. ¡El experimento funcionó! Los jóvenes tenían relaciones cercanas de discipulado en sus células y también seguían teniendo el grupo juvenil más grande para asistir, reflejando las mismas fortalezas que el ministerio de adultos estaba experimentando.[36]

La etiqueta llamada "juventud" sólo dura un corto tiempo y en un abrir y cerrar de ojos los jóvenes se convierten en adultos. Ellos son la "generación siguiente", los adultos del mañana, los que eventualmente dirigirán a la iglesia. Sabiendo esto, muchas iglesias desarrollan a los jóvenes para dirigir sus propios grupos celulares, para hacer discípulos que hacen a otros discípulos.

Cómo son estos grupos celulares dirigidos por jóvenes y cómo se forman, es el tema del próximo capítulo.

Capítulo 5

Grupos Celulares Dirigidos por Jóvenes

Ted Stump ha dedicado su vida a preparar a los estudiantes para que cambien al mundo. Stump tuvo mucho éxito con los jóvenes a mediados de la década de 1980 porque miles de jovencitos vinieron a Cristo a través de su ministerio. Sin embargo, también estaba cada vez más frustrado por la falta de discipulado. Si miles de jovencitos venían a Cristo durante una cruzada de tres días, sólo un pequeño porcentaje seguía con su compromiso. Pero éste era el único método que Stump conocía en aquel momento. Era la manera típica de llegar a la juventud de entonces, enfocada en el entretenimiento llamativo y los mensajes evangelísticos discretos y dejando a un lado el seguimiento y el crecimiento. Stump vio a los jovencitos divertirse, pero también vio poca profundidad en el mensaje fomentado en ellos.

Luego Stump escuchó a Ralph Neighbor de Touch Outreach Ministries (Ministerios de Alcance Toque) hablando de grupos celulares. Neighbor dijo que las células nunca crecieron a más de quince miembros, que se reunían en los hogares, se centraban en el evangelismo, y estaban orientadas hacia el discipulado. Algo dentro de Stump explotó. "¡Esa es la respuesta a la pregunta sobre el seguimiento!" Pronto estudió el movimiento celular y terminó viajando a treinta países donde había iglesias celulares grandes y ejemplares.

Stump aplicó lo que aprendió a los ministerios juveniles. Él capacitó a líderes estudiantiles comprometidos para facilitar, seguir y nutrir a los grupos, al igual que los adultos en el modelo de la iglesia celular. Stump y su ministerio, Grupos Celulares Dirigidos por Estudiantes, ahora han entrenado a miles de jóvenes y ministerios juveniles en cómo desarrollar a los jóvenes para dirigir células juveniles. Ha trabajado con unos 2,000 ministerios de jóvenes para ayudarlos a hacer la transición hacia el ministerio juvenil orientado a grupos celulares.

ESTUDIANTES DIRIGIENDO ESTUDIANTES

En los grupos celulares dirigidos por jóvenes, los jóvenes son instruidos para realmente dirigir a los grupos celulares. El anfitrión del grupo suele ser un adulto, pero los líderes y asistentes son jóvenes. Según Stump, lo mejor es tener un equipo de liderazgo que consiste en:

- Estudiante líder
- Estudiante co-líder
- Adulto mentor

Los adultos dedican sus vidas a los líderes estudiantiles alentándolos, equipándolos y edificándolos. El adulto no dirige al grupo, sino que se concentra en la tutoría y el discipulado de los líderes estudiantiles y en abordar cualquier pregunta difícil y en las situaciones que puedan surgir. Stump dice: "El adulto sólo está allí para instruir, discipular y equipar, no están dirigiendo al grupo de ninguna manera, o forma".[37]

Sólo si los estudiantes toman la iniciativa y dirigen a sus compañeros, las células alcanzarán todo su potencial para el evangelismo y el discipulado. Los jóvenes tienen una habilidad especial para llegar a otros jóvenes. Mientras que los adultos tienen que pensar y actuar como jóvenes para alcanzarlos, los jóvenes ya están allí. A medida que los jóvenes se desarrollan y se forman a través de los grupos celulares, ellos también se preparan para pasar a grupos celulares dirigidos por adultos. Si un estudiante puede dirigir una célula con sus compañeros, él o ella estará mucho mejor preparado para esos años de adulto.

Los estudiantes tienen una gran habilidad para llegar a sus compañeros y continuar el proceso de multiplicación. Los grupos celulares estudiantiles se convierten en las familias que los estudiantes nunca tuvieron. Sin embargo, la célula juvenil no es sólo para los creyentes. Los grupos celulares dirigidos por jóvenes dan a los estudiantes la oportunidad de ejercer su fe y evangelizar a aquellos que no conocen a Jesús. Los estudiantes perdidos, heridos y los que son salvos se reúnen en la célula.

La Primera Iglesia Bautista Campo Grande, ubicada en el estado occidental de Mato Grosso do Sul en Brasil (fronterizo con Paraguay y Bolivia) capacita a jóvenes adolescentes para dirigir grupos celulares. Un adulto tiene que estar presente en el grupo celular adolescente porque han descubierto que esto ayuda a que los padres autoricen a sus hijos adolescentes a asistir a estos grupos. El adulto es responsable en última instancia, pero la meta de la iglesia es convertir a los adolescentes en líderes. Tener un adulto presente asegura a los padres que sus hijos están a salvo y que no habrá ningún abuso.

Gabriel, de trece años, dirige un grupo celular de adolescentes. Ha multiplicado su célula tres veces desde que ha estado a cargo, aunque la célula misma se ha multiplicado siete veces. Un adulto se sienta en la célula con él para proporcionar sentido de responsabilidad. Gabriel va al equipo del martes cada semana, donde recibe su lección de la célula y el entrenamiento en cómo enseñarla. Aunque la iglesia le da la lección, Gabriel se da cuenta de que él es responsable de la lección y del grupo de vida en general, por lo que hace los ajustes necesarios. Su objetivo es satisfacer las necesidades de los de su grupo.

Gabriel trata de alcanzar a sus amigos no cristianos en la escuela. Por ejemplo, se hizo amigo de Guillerme, que era muy rebelde. Guillerme llegó a conocer a Jesús, fue bautizado, y ahora sus amigos vienen a la iglesia. Gabriel dirige el grupo en adoración mientras toca la guitarra. "Pero no quiero hacer todo", me dijo, "Así que trato de asegurarme de que otros estén incluidos en la oración, el rompehielos, en compartir y en otras actividades". La célula de Gabriel se reúne semanalmente en la misma casa, pero no está conectada a otras células de adultos. Más bien, padres de la Primera Iglesia Bautista Campo Grande han abierto su casa para el grupo celular de Gabriel. La iglesia prefiere tener un lugar de reunión, para que otras personas sepan dónde ir cada semana. Añade una cierta permanencia al grupo.

Los grupos celulares juveniles alcanzan a los jóvenes a través del amor, el cuidado y el apoyo. En un mundo que está vacío de relaciones significativas, los jovencitos son atraídos a Cristo por sus compañeros, y en el grupo pueden experimentar, a menudo por primera vez, un amor incondicional.

Las células juveniles efectivas se reúnen fuera del edificio de la iglesia, con un énfasis en el hogar. Stump anima a los grupos a reunirse en diferentes hogares y cree que la rotación hace más fácil llegar a los amigos perdidos. Stump escribe: "Hay algo especial, íntimo y seguro en reunirse en diferentes hogares cada semana. Además, tiene más sentido y es más fácil para los jóvenes asistir a reuniones en los hogares; probablemente los visiten de manera regular". Es importante crear un ambiente de amor abierto. El tamaño de la habitación, la iluminación, la colocación de las sillas, y cómo los visitantes son recibidos contribuyen al éxito de la célula.

El objetivo es hacer discípulos que resulten en la multiplicación. Si el grupo tiene demasiadas personas, los miembros se sienten descuidados y eventualmente abandonan el grupo. Los adultos tienen que dar a los adolescentes la responsabilidad de liderazgo, mientras los instruyen, alientan, enseñan, y sí, les permiten fracasar.

TUERCAS Y TORNILLOS DE CÉLULAS DIRIGIDAS POR JÓVENES

Los grupos celulares dirigidos por jóvenes se reúnen durante aproximadamente una hora y media. Algunos pueden permanecer más tiempo, pero es importante tener un comienzo y un fin. La reunión normalmente incluye:

- Rompehielos. Esta es una pregunta abierta e interesante que hace que los estudiantes hablen y se conozcan.

- Lección. La mayoría de los grupos celulares dirigidos por jóvenes siguen una adaptación del mensaje del pastor. Por otra parte, Ted Stump ha desarrollado un centenar de temas sobre la juventud, que incluyen preguntas abiertas, discusiones, testimonios y aplicación a las necesidades de los jóvenes de hoy.

- Tiempo de ministración. Los estudiantes aplican lo que han aprendido durante el tiempo de ministración. La Palabra de Dios habla a cada persona y la transformación es la meta.

Las mejores células juveniles son dinámicas y divertidas. Los rompehielos, la aplicación de preguntas basadas en la Palabra de

Dios, la adoración a Jesús y el permitir que Él hable a través de cada persona, caracterizan a las grandes células juveniles.

Con los años, Ted Stump se ha convencido cada vez más de la necesidad de priorizar el trabajo del Espíritu en las células dirigidas por los estudiantes. Él anhela ver que la sanidad se lleve a cabo entre los estudiantes mientras ellos oran los unos por los otros. Él dijo: "Si pudiera hacerlo todo de nuevo, pasaría más tiempo equipando a la gente en los dones del Espíritu. En este momento en mi vida, estoy pensando de nuevo en todo y quiero enfatizar la adoración y los dones del Espíritu de una manera cada vez más creciente."[38]

Ted Stump, como muchos otros, se han convencido de que los jóvenes necesitan escuchar y responder al Espíritu Santo en el ministerio celular.

EXTENDIENDO EL REINO

John Peter comenzó a dirigir un grupo celular cuando tenía dieciséis años. Sus padres eran pastores de la Cuadrangular en Belo Horizonte, Brasil y su grupo era uno de los diez grupos celulares en la iglesia en ese momento. Su participación fue más por obediencia a sus padres como el hijo mayor, que por un compromiso sincero con Jesús. Aunque tenía la responsabilidad de dirigir la célula, todavía estaba bebiendo licor con sus amigos. Una noche él compartió el evangelio en su célula juvenil y nueve personas recibieron a Jesús. Al reflexionar sobre cómo Dios salvó a las personas a través de él, aunque él no estaba viviendo activamente la vida cristiana, se dio cuenta de que tenía la responsabilidad de servir a Jesús. En el proceso, se convirtió en un seguidor serio de Jesús y dejó de beber por completo.

Comenzó a investigar en línea acerca de cómo dirigir grupos pequeños y comenzó a aplicar sus nuevos conocimientos al liderazgo celular. Su célula llegó a sesenta y seis personas. Sabía que era demasiado grande, por lo que animó a los jóvenes de la célula a asistir a los grupos intergeneracionales con sus padres. Él también comenzó tres células juveniles más.

La juventud finalmente comenzó a reunirse una vez al mes como un grupo congregacional, y desde 2016, la iglesia tiene 380 jóvenes en cuarenta y dos células juveniles (en una iglesia de 600 con sesenta células). John Peter es un pastor de jóvenes de tiempo completo, junto con otros tres.

Los jóvenes que alcanzan a otros jóvenes a través del ministerio celular tienen el potencial de discipular una nueva generación para Jesús. Los jóvenes conocen a su propia generación y son los más capaces de evangelizar a los de su propio grupo de edad a través de satisfacer las necesidades, construir relaciones y establecer amistades.

Las encuestas han demostrado consistentemente que el 75-90% de los conversos vienen a través de un amigo o familiar.[39] Así que cuando se trata de alcanzar a los estudiantes para Jesús, es más efectivo desarrollar una amistad con los no cristianos y, finalmente, invitarles a la célula. Algunos han llamado a esta estrategia evangelismo oikos, una estrategia tan antigua como la era del Nuevo Testamento, en la que las relaciones oikos eran el puente de alcance. Oikos es la palabra griega para casa o relaciones familiares extendidas. En el Nuevo Testamento, el evangelio se extendió a través de estas relaciones familiares y familias extendidas mientras la iglesia se reunía de casa en casa.

Aplicadas al evangelismo juvenil, las relaciones oikos están con aquellas personas que los jóvenes conocen mejor, que entran en contacto con más frecuencia y que Dios ha puesto en su camino. En otras palabras, Dios provee relaciones de jóvenes con otros, y luego llega a esas personas a través de la evangelización enfocada en la amistad.

Thayana de Belem, Brasil desarrolló una amistad con Elem y Edy durante un tiempo de grupo de estudio de tareas. Se convirtieron en amigas al estudiar juntas y animarse mutuamente para obtener las mejores calificaciones posibles. Con el tiempo, Thayana compartió el evangelio con ellas y les preguntó si querían recibir a Jesús como su salvador. Ellas dijeron que sí y esa misma semana fueron al grupo celular de Thayana. Ellas sintieron el amor de Dios y la emoción de ser parte de una familia de jóvenes. Todo el mundo les dio la bienvenida y no mucho después fueron a un retiro "Encuentro con Dios". Dios abrió el corazón de Elem y fue bautizada un par de meses más tarde. Sin embargo, Edy esperó casi tres años para ser bautizada. Ambas se convirtieron en grandes y poderosas líderes de grupos pequeños. Ambas son coordinadoras ahora en el equipo de ministerio de Belem.

El evangelismo en grupo es más efectivo cuando la gente se siente cómoda. Esto es parte de la razón por la cual la mayoría de las células juveniles se reúnen en los hogares. Brian Sauder y Sarah Mohler escriben: "El método principal que se utiliza en los grupos de jóvenes es que las células juveniles se reúnan en los hogares durante la semana y tengan una reunión corporativa de jóvenes en las instalaciones de la iglesia de manera regular."[40] Reunirse en los hogares tiene las siguientes ventajas:

- Los hogares son más cómodos mientras que los edificios son más académicos.

- Los hogares involucran a las familias. Cuando el grupo de estudiantes está en el hogar, da la oportunidad para que los adultos alojen al grupo y a veces entrenen a los líderes juveniles.

- Los grupos en los hogares permiten una mayor responsabilidad pastoral para los voluntarios.

- Los grupos en los hogares disminuyen la distancia en auto, son más accesibles para los estudiantes y permiten diferentes noches de reunión. Doug Fields, ex ministro de jóvenes en la Saddleback Community Church (Iglesia de la Comunidad de Saddleback), dice: "El posicionamiento estratégico de nuestros lugares de reunión en toda la comunidad nos permite llegar a más estudiantes que no pueden ir al edificio de la iglesia. El reunirnos en las casas también nos da la libertad de tener noches y horarios de reunión alternos."[41]

Aparte de las reuniones en casa, algunos jóvenes se reúnen en cafés, parques, edificios de oficinas y campus universitarios. Algunos de los grupos celulares que más cambian la vida en la iglesia que ayudé a plantar en Ecuador se reunían en las universidades. En un tiempo la Republic Church (Iglesia de la República) tenía más de treinta células reuniéndose en campus universitarios en Quito, Ecuador

Algunos grupos de jóvenes han dado el primer paso de transición a grupos pequeños dividiéndose en grupos más pequeños dentro de la iglesia después de la reunión de jóvenes más grande, pero esto debe ser solamente un paso de transición, no la norma o la meta final. El objetivo es reunirse en grupos fuera del edificio de la iglesia para penetrar en un mundo perdido. Al igual que la iglesia primitiva, las células juveniles toman el evangelio donde los jóvenes viven, estudian y juegan.

RESISTENCIA A LAS CÉLULAS DIRIGIDAS POR ESTUDIANTES

Hay un movimiento dinámico, que cambia la vida entre los adolescentes en todo el mundo de hoy. Las células juveniles explotan con la vida y el fuego del Espíritu Santo alrededor del mundo. Sin embargo, hay resistencia a los grupos celulares dirigidos por los estudiantes. Dos razones comunes de esta resistencia son la tradición y el miedo de perder el control.

Tradición: La mayoría de los cursos o libros sobre el ministerio juvenil no mencionan ni siquiera los grupos celulares. Lo que se menciona es cómo atraer y mantener a una multitud de jóvenes en un ambiente de congregación juvenil más grande. Dado que hay una oferta inadecuada de literatura sobre los grupos celulares dirigidos por los estudiantes, los líderes juveniles tienden a retirarse a lo que mejor saben: dar discursos y realizar una variedad de actividades juveniles.

Miedo a perder el control: La mayoría de los pastores juveniles nunca confesarían abiertamente que temen perder el control. Sin embargo, encubiertamente muchos han embebido la enseñanza de que el éxito en el ministerio de la juventud depende de los planes del ministerio y el talento. Reunirse en el edificio de la iglesia simplemente hace que sea más fácil controlar lo que está sucediendo.

Saber por qué hay resistencia es el primer paso para superarla. El equipar adecuadamente a los líderes juveniles y luego capacitar activamente a los jóvenes es el segundo paso para superar la resistencia a los grupos celulares dirigidos por estudiantes. Sin embargo, hay un tercer paso, que requiere fe, confianza y empujar a los jóvenes fuera del nido, al igual que las águilas que enseñan a sus crías a volar.

AYUDANDO A LOS JÓVENES A VOLAR

Las águilas bebé necesitan un empuje en el proceso de volar—
ellas no vuelan instintivamente por su cuenta. Para iniciar el
proceso, el águila madre empuja a los jóvenes fuera del nido
y cuando el aguilucho cae por el acantilado, la madre lo coge y
lo lleva al nido. La mamá águila empuja al pequeño de nuevo,
y otra vez, una y otra vez. Ella nunca los deja golpear el suelo,
pero ella los deja caer, porque tienen que aprender algo que no
saben. Esos pequeños pájaros fueron hechos para volar, pero
no lo saben, así que ella necesita enseñarles. El águila madre
deshace el nido porque sabe que las crías nunca aprenderán a
volar mientras permanezcan en el nido. Deuteronomio 32:11
dice: "como un águila que agita el nido y revolotea sobre sus
polluelos, que despliega su plumaje y los lleva sobre sus alas."

Para ayudar a los jóvenes a salir del nido e iniciar el proceso de
liderazgo y ministerio celular, es útil mostrarles a los jóvenes
lo que otros están haciendo en todo el mundo. En el próximo
capítulo destacaremos cinco iglesias que cambian al mundo y
que están ayudando a los jóvenes a extender sus alas y volar.

Capítulo 6

Iglesias Modelando Células Dirigidas por Jóvenes

La frase "una imagen vale más que mil palabras" es una expresión muy común. Se refiere a la noción de que una idea compleja puede ser mejor comprendida mostrando una imagen de esa idea, en lugar de dar una explicación. La frase moderna data de 1911 cuando una cita apareció de parte de una editora de periódicos Tess Flanders diciendo "Use una imagen, vale más que mil palabras".[42]

Al considerar el ministerio celular dirigido por jóvenes, es útil pintar un cuadro de lo que las iglesias celulares están haciendo realmente con el ministerio juvenil. La teoría, definiciones y los principios son importantes, pero ejemplos prácticos ayudan a comprender mejor al pintar este cuadro.

Las siguientes cinco iglesias vienen de Norteamérica y de Sudamérica. Hay muchos otros grandes ejemplos de grupos celulares dirigidos por jóvenes en todo el mundo, pero he elegido estos porque he pasado tiempo en cada una de estas iglesias y las he estudiado a profundidad. Estas iglesias celulares son también muy conocidas y han influido en muchas otras iglesias y pastores para enfatizar los grupos celulares dirigidos por jóvenes.

ELIM: DE LAS MARAS A LA FAMILIA DE DIOS

Según datos de la UNICEF, el 38% de los niños y jóvenes salvadoreños viven sin uno o ambos padres. La razón es principalmente debido a la migración. Tanto las dificultades económicas como la violencia han obligado a cada vez más padres a abandonar el país todos los días. Esos niños que se quedan en El Salvador permanecen bajo el cuidado de otros familiares o vecinos, y a menudo esos niños son descuidados o abusados.

Tales condiciones llevaron a muchos de los niños y jóvenes a unirse a las pandillas como una manera de hacer frente a sus condiciones humillantes. En el proceso, se establece un ciclo destructivo: cuanto mayor es la migración de adultos, más niños se unen a las pandillas, y a medida que las pandillas se fortalecen, hay más violencia. Y a medida que aumenta la violencia, hay más migraciones. Este ciclo ha convertido a El Salvador en el país más violento del planeta: más jóvenes y niños mueren en El Salvador que en cualquier otro lugar.

Miguel creció en este horrendo ambiente. Criado en una familia disfuncional, fue objeto de desprecio y rechazo y nunca recibió afecto y amor de parte de su madre quien sólo estaba tratando de sobrevivir. Su padre dejó a la familia cuando Miguel tenía dos años, trasladándose a los Estados Unidos. Dijo: "Toda mi infancia estuvo marcada por la soledad, iba a la escuela solo y luego volvía y pasaba tiempo solo, había poca comida en mi casa, así que a veces me salía para olvidar lo hambriento que estaba".

Finalmente encontró el amor y la aceptación con los miembros de pandillas que lo llevaron a la promiscuidad sexual y la violencia. "Sabía que debía haber algo mejor", dijo Miguel. A menudo Miguel dormía en la calle o en el techo de su casa porque su madre no lo cuidaba— incluso cuando se enfermó gravemente y no tenía comida ni medicinas. Una vez su madre le dijo: "¿No has muerto aún?" Desde ese momento, se sintió resignado a una vida de odio y falta de sentido.

Luego un vecino de una calle más abajo saludó a Miguel de una manera extraña, sonriéndole y diciéndole: "Dios te bendiga". Miguel se rehusó a sonreír porque su corazón estaba endurecido. Pero este joven insistió en hablar con Miguel y llegar a conocerlo. Invitó a Miguel a un grupo celular juvenil. Por curiosidad, Miguel decidió asistir.

Al principio parecía extraño estar rodeado de amor, enseñanzas bíblicas, risa y alegría. "Me sentí incómodo porque ese sentimiento era tan extraño para mí, pero mi corazón de piedra comenzó a transformarse, recibí a Jesús y Él llenó mi corazón de significado y propósito".

Miguel no podía mantener esta nueva emoción para sí mismo. Compartió el amor de Jesús con todos los que conocía. No pasó mucho tiempo antes de que Miguel entrara en el programa de equipamiento y se convirtiera en un líder de célula. "Ahora he vuelto a la escuela, he pedido perdón a mi madre por mi odio hacia ella, y mi vida tiene nueva esperanza y significado. Ahora vivo para Jesucristo y un día espero ser un ministro del evangelio".

Las células juveniles desempeñan un papel clave proveyendo una familia alternativa a los jóvenes quebrantados. En las células juveniles, los jóvenes encuentran una familia cristiana en la que son recibidos con respeto, ternura y donde tienen un lugar positivo en la sociedad. Algunos de estos jóvenes nunca irían al edificio de la iglesia, pero no tienen problemas para asistir a la casa de otro joven. Están motivados a formar parte de una comunidad solidaria de jóvenes que los reciben y los aceptan. A través del ministerio celular, muchos han sido salvados de la violencia asesina.

Las células juveniles no siempre son la norma en Elim. Durante mucho tiempo, de hecho, Elim sólo enfatizó las células familiares en las que jóvenes y adultos se mezclaban. Las células familiares fueron vistas como una oportunidad de participación e inclusión sin distinción de edad. En la práctica, Elim estaba modelando células intergeneracionales sin siquiera saber que había tal concepto, o si había otras opciones disponibles.

Con el paso de los años, Elim decidió hacer del ministerio juvenil algo más intencional. Comenzaron con un servicio congregacional juvenil pero pronto se quedaron sin espacio. Elim tiene seis servicios dominicales, así como servicios en el auditorio principal de lunes a viernes. El sábado, el edificio no se usa porque es "día celular", y todos se reúnen en hogares en todo El Salvador. Debido a que no era posible tener un servicio semanal de jóvenes, Elim decidió tener un servicio juvenil una vez al mes. Los resultados fueron impresionantes. El edificio se llenó completamente con jóvenes ansiosos por escuchar la Palabra de Dios y conocer a otros jóvenes.

En 2006, las células juveniles realmente nacieron de estas celebraciones. Los jóvenes percibieron la necesidad de seguir creciendo juntos en la multiplicación de grupos celulares. Elim comenzó a cambiar su estructura de supervisión para mejorar el cuidado de los líderes de células juveniles y promover proactivamente las células juveniles en sus distritos geográficos. Elim sigue multiplicando las células juveniles mientras ajusta el equipamiento y la supervisión.

En mayo de 2016, Elim San Salvador tenía 835 líderes de células juveniles con unos 9,000 jóvenes asistiendo a las células juveniles de San Salvador. Las células de adultos siguen siendo las más numerosas, seguidas por las células infantiles y luego las células juveniles. A medida que las células juveniles se multiplican, están dando cada vez más atención a las necesidades de los jóvenes en El Salvador.

Los líderes juveniles reciben entrenamiento a través de supervisores que están específicamente designados para el ministerio juvenil. Las células juveniles, sin embargo, continúan siendo parte de los distritos geográficos dentro del sistema celular juvenil. Los supervisores provienen del sistema celular, como Armando, quien a la edad de diecinueve años se convirtió en un líder de célula juvenil y multiplicó su célula varias veces. Eventualmente, se le pidió que supervisara a otros líderes de células. Armando escribe: "Trabajar con jóvenes ha sido una gran experiencia para mí, estoy aprendiendo a medida que doy, pero los jóvenes también me enseñan mucho, estoy creciendo como discípulo de Jesús, a medida que me entrego a otros". Servir a otros le ha enseñado a Armando a entender el amor de Dios y su cuidado hacia un mundo perdido.

Todos los futuros líderes juveniles necesitan completar el equipamiento normal de seis meses, el cual es un estándar para todos los líderes potenciales de Elim. Los jóvenes también tienen dos eventos de equipamiento por año que proporcionan una visión adicional de las necesidades de los jóvenes. En agosto de 2010, la primera formación de jóvenes cubrió temas como:

- ¿Por qué trabajar con células juveniles?
- Cualidades del liderazgo juvenil
- Organización del ministerio juvenil
- Discipulado y consejería juvenil
- Materiales dinámicos en células juveniles

Después de esta capacitación, la guía para jóvenes fue publicada por primera vez en diciembre de 2010. La guía juvenil es una recopilación de lecciones de células juveniles que se usan en los grupos celulares. El nuevo énfasis de la juventud reflejado en las lecciones de las guías ha motivado a los jóvenes que anteriormente estaban apáticos al ministerio celular y a la iglesia en general.

Elim ha comenzado reuniones semanales congregacionales de jóvenes, así también mantiene una reunión mensual más grande. Algunas células intergeneracionales se modificaron para convertirse en células juveniles porque ya tenían un líder joven capaz. En otras situaciones, los grupos intergeneracionales dieron a luz a las células juveniles.

Algunos jóvenes continúan asistiendo a las células intergeneracionales y no son obligados a separarse en células juveniles. Aracely, por ejemplo, tenía 15 años cuando su abuelo la llevó a una célula intergeneracional. Asistir a la célula intergeneracional con su abuelo cambió su vida. Encontró calor, amor, aceptación y una nueva familia con quien compartir. Durante todo el proceso, Dios comenzó a sanar a Aracely de la miríada de resentimientos que sentía hacia sus padres y por su situación en general en la vida. Al centrar su atención en los demás y en sus necesidades, su vida comenzó a cambiar.

Aracely fue bautizada, comenzó a asistir al servicio de la celebración del domingo en Elim, pasó por el entrenamiento de los líderes de célula, y finalmente se convirtió en una líder de célula juvenil. Así que, en el caso de Aracely, el grupo intergeneracional dio a luz a su propia célula juvenil.

ANTIOQUIA: ESTUDIANTES TRANSFORMANDO ESTUDIANTES

Antioch Community Church (Iglesia Comunitaria Antioquia) en Waco, Texas, ha sido una defensora de los grupos celulares dirigidos por jóvenes desde hace mucho tiempo. Blake Foster, el pastor de la juventud de Waco, Texas, dice: "Los grupos de vida ayudan a discipular a nuestra juventud y llegan a la vida de los jóvenes con el mensaje del evangelio". Foster se da cuenta de que podría ser más conveniente reunirse solamente en un grupo congregacional más grande, pero los jóvenes necesitan atención personal cercana.

Foster supervisa a unos 150 estudiantes de secundaria que se reúnen en diferentes hogares en toda el área de Waco. Aproximadamente de veinte a treinta estudiantes de preparatoria se reúnen en cada hogar, pero el grupo más grande se divide en "grupos D" más pequeños. El grupo celular más grande se reúne durante cuarenta y cinco minutos y luego los grupos D más pequeños (2-3 por grupo) se reúnen en diferentes lugares en la misma casa, dentro o fuera durante esos cuarenta y cinco minutos. Los grupos D son específicos de género, por lo que los niños se reúnen con niños y las niñas con niñas. Ellos tratan de combinar la juventud más madura con los menos maduros. Lo cual cubren en los dos períodos de 45 minutos:

45 minutos todos juntos

- 5-10 minutos de compañerismo
- 15 minutos de un juego o actividad atractiva (hacer que la gente se ría y se sienta cómoda)
- 5 minutos de compartir la visión de por qué los grupos pequeños son importantes, así como cualquier anuncio
- 15 minutos de adoración (2-3 alabanzas)

45 minutos en grupos de discipulado

- Monitoreo y seguimiento semanal
- Tiempo de preguntas:

  -¿Cómo estuvo tu tiempo con Dios esta semana?

  -¿Cómo te fue en el área de pureza sexual/emocional?

  -¿Diste seguimiento a lo que hablamos la semana pasada?

- **Tiempo de La Palabra**
  - Oración para que Dios hable a través de la Palabra
  - Lectura bíblica, preferiblemente en dos versiones diferentes
  - Aplicación de la Palabra de Dios
  - Resumen del pasaje

- **Oración**
  - Intercesión por cada persona presente
  - Oración para que Dios dé una visión específica a cada persona
  - Oración por cualquier necesidad específica en el grupo

Los estudiantes de preparatoria de esta iglesia se reúnen como congregación el miércoles por la noche. Los estudiantes de secundaria tienen sus propios grupos celulares y también servicio congregacional.

Joel Sanders, pastor de jóvenes de All People's Church (Iglesia de Todos los Pueblos) en San Diego, formaba parte del equipo original de plantación de iglesias enviado desde Waco para plantar la Iglesia de Todos los Pueblos. Los jóvenes ya se estaban reuniendo en un evento congregacional el domingo por la noche cuando Sanders comenzó a dirigir a los jóvenes, por lo que comenzó los grupos semanales, siguiendo el patrón bíblico de Hechos capítulo dos. Los jóvenes también se reunían con el resto de la iglesia el domingo por la mañana.

Sanders pide a los estudiantes de preparatoria que dirijan las células juveniles porque son más maduros. Sanders se entrega a los líderes, sabiendo que la supervisión es esencial para hacer que los grupos de trabajo funcionen. Dijo: "Hay una nueva vida y dinámica a través de los grupos de hogar". Han visto sanidades entre los jóvenes. Una jovencita, ahora líder de un grupo de vida, tenía planeado un suicidio con fecha y lugar. Los miembros del grupo de vida le ministraron, y ella se dio cuenta que no debía hacerlo. El amor y el cuidado de Dios irrumpieron y ahora ve la vida desde una perspectiva totalmente diferente.

Un grupo de vida planeó una actividad de alcance en una escuela de preparatoria que estaba de luto por la muerte de un estudiante. Los miembros del grupo de vida se ofrecieron a orar por los que estaban dolidos, ministrando a los que estaban sufriendo. Varios estudiantes de preparatoria recibieron a Jesús. Una mujer miembro de la célula vio un post de Facebook inapropiado de otro miembro de la célula. Después de obtener el consejo de los líderes de la célula, habló con la persona a pesar de que era un paso difícil de tomar. La persona no sólo recibió su consejo, sino que también se arrepintió y pidió oración.

Sanders dijo: "Más que nada he visto a los jóvenes convertirse en discípulos y desarrollarse como líderes". Los grupos de vida en la Iglesia de Todos los Pueblos (y Antioquía en general) invitan a Jesús a hablar a través de ellos y a ellos. Muchos han sido animados al compartir lo que Dios está haciendo en sus vidas. Las actividades cubiertas en los grupos de la preparatoria en la Iglesia de Todos los Pueblos incluyen:

Grupos de Preparatoria en la Iglesia de Todos los Pueblos

- Rompehielos: algo divertido, a menudo con comida, llegar a conocerse
- Lanzamiento de visión y anuncios
- Adoración. Permitir que el Espíritu Santo se mueva a través de los dones del Espíritu
- Discusión Bíblica: Aplicación de la lección juvenil del domingo por la noche
- Tiempo de ministración/oración

CUADRANGULAR BELEM: RADICALES POR LA ÚLTIMA GENERACIÓN

El Pastor Valter, es de la tercera generación en una familia de pastores Cuadrangulares, creció en la iglesia. A la edad de doce años, Valter estaba tocando la batería en el equipo de adoración, creciendo en Cristo y buscando oportunidades para servir a Jesús. Él y su hermano comenzaron una célula juvenil que se multiplicó en cuatro grupos en el 2001. En el 2007 las células juveniles se habían multiplicado a cuarenta y Valter se convirtió en el pastor de la juventud en la iglesia de su padre. Valter atrajo la atención de Josué Bengtson, apóstol y pastor fundador de una de las mayores iglesias Cuadrangulares del país en Belem, Pará, Brasil. Josué Bengston le extendió una invitación a Valter para que se uniera al personal de la iglesia.

Cuando Valter comenzó en la Iglesia Cuadrangular Belem, el equipo de liderazgo de la iglesia estaba aprendiendo sobre el ministerio celular. Como equipo pastoral, visitaron iglesias celulares y realizaron una capacitación una vez por semana. Había unos veinte jóvenes en la iglesia en ese momento. Desde entonces, el ministerio celular juvenil ha crecido a 450 células y a 2,700 personas que asisten al servicio juvenil semanal el domingo por la noche (un servicio oficial de celebración de la iglesia). Tienen aproximadamente 3,500 participantes en las células durante la semana.

Las células juveniles superan en número a las células de adultos en la iglesia y el ejemplo de la iglesia ha ayudado a impulsar a toda la denominación Cuadrangular Brasileña para hacer la transición al ministerio basado en células. Animados por el ministerio juvenil en Belem, muchas iglesias Cuadrangulares han revitalizado su ministerio juvenil.

Valter y el equipo se llaman a sí mismos los radicales de la última generación, quienes cumplieron diez años en 2016. La visión se asocia con el ministerio de Aimee Semple McPherson, el fundador de la Cuadrangular, "conquistar a los perdidos a cualquier costo". Los jóvenes viven de manera radical, dispuestos a vivir para el sueño de hacer conocer a Cristo. De hecho, los jóvenes viven como si fueran la última generación y un sentido de urgencia se ha apoderado de sus corazones.

Su vida cotidiana es intensa. Los jóvenes viven para Jesús no sólo en las reuniones celulares, sino a diario como se describe en el libro de los Hechos. Las células tienen una reunión de planificación cada semana para orar y pensar en lo que harán en cada encuentro celular y, sobre todo, para invitar a Jesús a ser el centro y el líder de cada actividad.

Tienen una habitación de oración, abierta toda la semana de martes a viernes, que se llama habitación Azusa, nombrada por el gran avivamiento en la calle Azusa. En los turnos diarios, los jóvenes van ahí para cultivar el tiempo con Dios. Ellos creen que el avivamiento es su destino y se están preparando para ver a Jesús hacer señales y prodigios en medio de ellos. Ellos creen que toda la ciudad puede ser salva. El pastor general y apóstol, Josué Bengtson, dice que aquellos que no quieran ser salvos tendrán que mudarse. Por supuesto, él está bromeando, pero este es el celo que impregna la iglesia.

Los jóvenes bautizan a las personas cada tres meses. Todas las células oran y trabajan a fin de traer al menos una persona a la salvación y al bautismo en agua. Tienen una escuela de equipamiento llamada Línea de Crecimiento Radical, en la cual los jóvenes pueden alimentar su fe y crecer en la vida cristiana. Ellos estudian temas como la vida de adoración, señales y maravillas, historia de avivamientos y gracia.

Cada año, los radicales de la última generación celebran una conferencia para jóvenes en todo Brasil. En el 2016, el tema fue "Reactivando lo sobrenatural". Enfatizan la realidad sobrenatural de Dios y su deseo de trabajar hoy como lo hizo en el libro de los Hechos. La doctrina de la iglesia Cuadrangular en Brasil es que Jesús no sólo bautiza con el Espíritu Santo, sino que promete que el derramamiento está disponible para todos los que creen (Joel 2:28).

El noventa por ciento de las células son dirigidas por jóvenes, pero algunos adultos también están involucrados en el liderazgo. Las células intergeneracionales no son comunes en la iglesia porque la mayoría de los jóvenes no vienen de hogares cristianos. El orden de las células juveniles es similar a otras células juveniles:

- Rompehielos
- Adoración
- Palabra o tiempo de la lección: Todos los grupos siguen la misma lección. El Ministerio Juvenil provee material para las células juveniles, el cual está planeado para todo el año. Cada lección sigue la enseñanza bíblica que los jóvenes están siguiendo durante todo el año.
- Oración y alcance

Una de las mayores dificultades es la falta de consistencia entre los jóvenes. Los jóvenes se entusiasman durante un tiempo, pero la emoción puede desvanecerse. Algunos líderes caen, por lo que la Iglesia Belem está constantemente equipando nuevos líderes juveniles y diligentemente entrenando a los existentes. Otra lucha es la promiscuidad sexual. Algunos jóvenes no quieren esperar a la persona dada por Dios, prefiriendo tener relaciones sexuales sin casarse. Estos problemas a menudo surgen en los retiros y en el equipamiento continuo. A pesar de que hay luchas, Jesús continúa transformando vidas y haciendo discípulos en la Iglesia Cuadrangular de Belem.

LA VID: NIÑOS CONVIRTIÉNDOSE EN LÍDERES JUVENILES

La Iglesia de la Vid en Brasil ha estado desarrollando activamente a niños en grupos celulares familiares desde 1999. Ahora tienen 10,000 grupos celulares infantiles en todo el mundo con alrededor de 100,000 niños participando. La Iglesia de la Vid vive con el futuro a la vista, sabiendo que los niños actuales pronto estarán en su adolescencia y formarán parte del ministerio juvenil. La preparación no es completa a menos que los niños entren al ministerio juvenil.

Cuando un niño alcanza la edad de trece años se gradúa a una célula juvenil, y más tarde a una célula de adultos. La Vid tiene una ceremonia especial para aquellos que se gradúan del ministerio de los niños, y pastorean cuidadosamente a los graduados en las células juveniles. Dado que los niños sólo conocen la atmósfera de la célula y la celebración, son como peces en el agua— es el único ambiente que han experimentado. Los jóvenes adolescentes están listos y deseosos de involucrarse con otros jóvenes y continuar el proceso de discipulado. Abundan testimonios de niños que nacieron de nuevo en un grupo celular infantil, fueron discipulados en el proceso, y ahora están preparándose para ser pastores y plantadores de iglesias.

La Vid cree que los niños y jóvenes están mejor preparados para convertirse en discípulos en un ambiente de hogar, al igual que los adultos. También se dan cuenta de que nunca alcanzarán multitudes pidiendo a los niños que vayan a la iglesia. Por el contrario, la Vid lleva sus células a los barrios.

El pastor Naor es el principal pastor de jóvenes en la iglesia central de Goiana, donde hay 1,600 grupos juveniles con 15,000 jóvenes asistiendo. Ahora hay 7,000 células juveniles de la Vid en todo Brasil y una vez al año las células juveniles se unen para celebrar lo que Dios está haciendo.

Vinicius Motta, uno de los pastores juveniles de la red bajo el pastor Naor, tiene veinticuatro años y supervisa a sesenta células juveniles en la iglesia madre o general. Vinicius tenía cuatro años cuando su padre se enfermó de cáncer. A través de esta terrible experiencia, Dios salvó y discipuló a toda la familia en uno de los grupos celulares de la Vid. Vinicius asistió a la célula de los niños y recibió a Jesús cuando tenía seis años y medio de edad.

Dios le dio a Vinicius hambre por leer la Biblia y a los doce años se sintió llamado a dirigir una célula. Como parte de su preparación, pasó por un retiro de encuentro. A la edad de trece años comenzó un grupo celular de adolescentes en su casa.[43]

Dirigir un grupo celular fue una gran experiencia para Vinicius. Se volvió más responsable y maduro en el proceso de dirigir a otros. Él evangelizó a sus amigos e hizo discípulos, pensando para sí mismo: "Puedo tener discípulos, como mi padre, estas personas pueden vivir la misma vida que yo vivo". Multiplicó su célula tres veces en el primer año y luego la multiplicó cada año durante los siguientes cuatro años. Eventualmente se convirtió en un supervisor de otros líderes y luego en un pastor.

Vinicius dijo: "Fue difícil crecer porque pasé tanto tiempo en el ministerio y la gente decía: 'Eres tan joven, ¿por qué no te diviertes más y vives como la gente normal'". Sin embargo, a una edad temprana, Aprendió lo que era vivir para Jesús y negarse a sí mismo. Vinicius ahora está casado y pensando en comenzar una familia. Él dijo: "Me encantaría ver a 40,000 jóvenes reunirse cada año en el estadio de fútbol local para dar gloria a Dios". En este rally anual, la Vid proyecta la visión de las células juveniles conquistando al mundo para Jesús. Muchos líderes de células juveniles se están convirtiendo en pastores, y ahora los jóvenes están enviando a sus propios misioneros.

Los grupos celulares juveniles de la Vid son para aquellos de trece a veintiséis años de edad. En la iglesia general, hay alrededor de 400 células de adolescentes, que incluye a los que tienen de entre trece y diecinueve años. Tienen otra agrupación de veinte a veinticinco años de edad. La categoría de célula juvenil es principalmente para gente no casada, aunque algunas parejas casadas se ofrecen voluntariamente para ayudar con las células de adolescentes. Pero en su mayor parte, una vez que un adolescente se casa, se convierte en parte de las células para casados.

Todas las células juveniles se reúnen semanalmente en los hogares, pero más recientemente han decidido abrir grupos celulares en los campus universitarios. A veces tienen un adulto presente, pero no todo el tiempo. El orden para la célula juvenil es el siguiente:

- Rompehielos (15 minutos). El objetivo es conocerse y divertirse.

- Adoración (30 minutos). Cantar alabanzas y orar unos por los otros. Invitación para que el Espíritu Santo se mueva en medio de ellos.

- Palabra (30 minutos). Esto no es un tiempo de predicación. Más bien, el líder celular estimula a todos a hablar. El objetivo de la célula es aplicar la Palabra de Dios y transformar vidas en el proceso.

- Tiempo de testimonio (15 minutos).

- Comer juntos.

Las células juveniles comienzan con alrededor de siete jóvenes y se multiplican cuando hay quince participantes. La norma es tener entre ocho y nueve jóvenes por grupo celular. Los jóvenes también tienen sus propias reuniones congregacionales durante la semana. Se llaman a sí mismos los radicales libres porque desean vivir un estilo de vida radical para Jesús y cambiar al mundo en el proceso.

ICM: DE LAS DROGAS A LAS CÉLULAS JUVENILES

Visité Bogotá cada año durante cinco años (1996-2000) para aprender más sobre el increíble movimiento juvenil en la Misión Carismática Internacional (ICM por sus siglas en inglés). Durante esos cinco años conocí a César Fajardo, el líder del primer movimiento juvenil en ICM. Fajardo hizo la mayor parte del pensamiento creativo y equilibrado en los primeros días del Movimiento de los Grupos de los Doce. Tengo el mayor respeto y admiración por César Fajardo y sé que nunca tuvo la intensión de que los Grupos de los Doce fueran tan divisivos en muchos círculos alrededor del mundo.[44]   En 2004 Fajardo dejó ICM para abrir su propia iglesia llamada Iglesia sin Paredes.

Como primer pastor juvenil de la ICM, Fajardo transformó con éxito a un grupo de jóvenes en un ejército de 18,000 jóvenes que se reunían en 8,000 células juveniles y celebraban su propio servicio juvenil el sábado por la noche. Cuando Fajardo inició el ministerio juvenil en ICM en 1987, había treinta jóvenes asistiendo. Empezó a soñar con alcanzar a la juventud perdida de Bogotá. Cuando predicaba, se imaginó que el lugar estaba lleno. Abiertamente declaró a su grupo pequeño: "Llegará un momento en que los jóvenes tendrán que hacer fila para entrar en esta iglesia". En 1987, Fajardo tomó una fotografía del estadio techado más cercano lleno de gente. Luego colgó esa fotografía en la pared de su habitación y comenzó a soñar y creer a Dios para que fuera llenado con gente joven.[45]

Aproximadamente 500 jóvenes recibían a Cristo durante cada
servicio del sábado por la noche. Nunca podía sentarme durante
el servicio sin llorar, sabiendo que Dios estaba transformando
drogadictos y miembros de pandillas a través de la multiplicación de las células juveniles. La visión juvenil es contagiosa.
Los pastores visitantes lo entendieron. Un pastor escribió lo
siguiente,

> La atmósfera era eléctrica con el Espíritu Santo— mirar
> a estos jóvenes adorar con tal fervor y orar con tanta
> intensidad fue una experiencia profundamente conmo-
> vedora, y empecé a llorar a lo largo del servicio. Esta
> reunión es una máquina gigante cosechadora de ben-
> dición tal como lo descubrimos en todos sus servicios.
> La predicación era candente y recta—el Pastor César
> Fajardo habló sobre derribar las mentiras del diablo.
> Al final de su ministración, unos seiscientos jóvenes
> respondieron al llamado de salvación. Los conversos
> fueron escoltados (conducidos por un hombre que lle-
> vaba una bandera) a otra sala por calles llenas de gente
> esperando la próxima reunión quienes les aplaudían.
> Una vez en ese salón, les volvían a predicar, eran regis-
> trados y les daban seguimiento.[46]

El Pastor Fajardo trasladó su visión a los de su equipo. La visión
es profunda en ICM. Es contagiosa. Los hacedores de discípulos se desarrollan fácilmente en esta atmósfera, pero la visión
comienza en la cima.

Daniel es un ejemplo del poder transformador de Dios. Asistió
por primera vez a ICM en 1995 y aceptó a Jesús en un servicio
juvenil del sábado por la noche. Jesús lo salvó de una vida de
drogas y tratos mundanos. Poco después de recibir a Jesucristo,
él asistió a un retiro de Encuentro, a la Escuela de Liderazgo,
a un segundo Encuentro, y luego abrió su grupo celular. Fui

testigo de una de sus células que se encontraba al aire libre. ¿Es ese un grupo celular? pregunté. El grupo parecía extraño ya que se reunía fuera del estadio que era techado. "Sí, este es uno de nuestros grupos celulares abiertos para alcanzar a las personas para Jesús" me dijo Daniel. La red de Daniel creció hasta treinta y cinco células y finalmente Daniel se convirtió en un empleado de tiempo completo en ICM, trabajando para la estación de radio.

Conocí a otra estudiante de 18 años con 380 células juveniles bajo su supervisión. Cada semana asiste a una célula de liderazgo además de dirigir su propio liderazgo y células evangelísticas. Practica tres días a la semana como bailarina del equipo de adoración de los jóvenes. Ella ministra en el servicio juvenil del sábado por la tarde y enseña en la Escuela de Líderes el domingo por la mañana.[47]

Freddy Rodríguez, una parte clave del ministerio juvenil desarrolló una red de 1,500 células. Antes de 1987, Freddy carecía de esperanza y confianza. Su vida se centraba en las drogas y el alcohol. Su familia se había separado y su padre, que vivía en los Estados Unidos, no quería saber nada de él. En este estado de soledad y frustración, Freddy recibió a Jesús en la ICM en 1987 y se convirtió en uno de los doce discípulos de César Fajardo. En ese momento sólo había sesenta personas en el grupo de jóvenes.

Antes de irse con Fajardo para fundar la Iglesia Sin Paredes, Freddy dirigió el culto el sábado por la noche para más de 18,000 jóvenes. Se reunía semanalmente con César Fajardo, quien lo discipulaba. Al hablar con Freddy durante los años y observar su vida, me di cuenta de que Freddy es totalmente entregado a Jesucristo y entiende que sólo Cristo puede conceder el éxito. Freddy vive en estrecha comunión con Jesús y enseña a sus discípulos que deben mantener intimidad con Jesús a toda costa.

Freddy espera que sus discípulos oren diligentemente, ayunen regularmente y se involucren en la guerra espiritual. Dios mismo ha dado a Freddy una visión para la multiplicación y el discipulado.

Es muy fácil iniciar células juveniles durante un par de semanas o meses. Es mucho más difícil sostenerlas a largo plazo. Las iglesias en este capítulo han continuado multiplicando líderes juveniles y células juveniles año tras año. Han construido una infraestructura de ministerio de células juveniles, que incluye los bloques de construcción de supervisión y equipamiento. Ellos envían a los líderes juveniles que están debidamente capacitados, y luego vigilan a estos líderes a través de una supervisión íntima para asegurar su éxito. En los capítulos siguientes estudiaremos con profundidad el equipamiento y la supervisión en el ministerio juvenil.

Capítulo 7

Equipando a los Líderes del Mañana

Alrededor de 250.000 niños menores de dieciocho años sirvieron en el ejército británico durante la Primera Guerra Mundial.[48] Muchos se vieron atrapados por el fervor patriótico, buscaron escapar condiciones sombrías en el hogar, o simplemente querían aventura. Técnicamente los jóvenes tenían que tener diecinueve años para pelear, pero eso no impidió que una multitud de chicos de catorce años de edad o más se unieran al ejército por montones. Respondieron a la necesidad desesperada del ejército de tropas, y los sargentos de reclutamiento los recibieron.

La Segunda Guerra Mundial no fue diferente. Muchos de los reclutados en los Estados Unidos tenían dieciocho o diecinueve años de edad. Un soldado escribe:

Cuando tenía dieciocho años fui reclutado por el Ejército de los Estados Unidos. Entonces fui entrenado como médico. Una de mis tareas era cuidar a los heridos. Tenía diecinueve años cuando crucé el Atlántico en octubre de 1944 en el Queen Mary. Ésta era la edad promedio de la infantería americana, entre dieciocho y veinte años.[49]

Una cosa es enviar a un joven a la batalla; otra muy distinta es preparar a los jóvenes para luchar bien. La eficacia depende de la formación. La experiencia del campamento de entrenamiento del soldado fue invaluable. Una y otra vez los soldados sobrevivientes hablaron de lo mucho que odiaban, pero necesitaban, el entrenamiento del campamento. En la batalla real, responderían subconscientemente a lo que aprendieron a través de los repetidos ejercicios del campamento de entrenamiento. Los monótonos entrenamientos que detestaron durante el campamento de entrenamiento salvaron sus vidas ayudándoles a responder de manera eficiente y automática en la batalla.

Los jóvenes, junto con todos los creyentes, están en la línea de fuego de la guerra espiritual, les guste o no. Satanás y sus demonios quieren destruir a la juventud hoy. Para derrotar al enemigo y vivir victoriosamente, la juventud necesita recurrir a las verdades bíblicas que provienen del equipamiento profundo de discipulado. Me refiero a lo esencial de la vida cristiana: cómo orar y leer la Biblia, someterse al Señorío de Cristo, superar las tinieblas espirituales, tener un tiempo a solas con Dios a diario, y a cómo compartir el mensaje del evangelio. Me gusta el término "equipamiento de discipulado", porque habla de hacer discípulos que hagan discípulos. Los ministerios de jóvenes eficaces entrenan a los jóvenes a través del equipamiento de discipulado que los prepara para la batalla, así como el campamento de entrenamiento prepara a un soldado para la batalla.

El equipamiento de discipulado de jóvenes entrena al nuevo cristiano desde la conversión hasta formar parte de un equipo celular. Sin embargo, esto sólo ocurrirá cuando el liderazgo de la iglesia se dé cuenta de que equipar a los nuevos discípulos es la tarea principal y que establecer un fuerte sistema de equipamiento de discipulado es una prioridad.

CAPACITANDO A EQUIPOS DE LÍDERES

Los escritores del Nuevo Testamento evitan la idea de un solo líder. La norma para esas primeras iglesias en las casas era tener un equipo de líderes, en lugar de uno solo. El ministerio de equipo fortalece al ministerio juvenil y proporciona un alivio adicional, tanto para aquellos que supervisan o entrenan a los jóvenes, como también para los líderes individuales de las células juveniles.

No todo el mundo debe ser la persona designada en la célula, pero todo el mundo puede ser parte de un equipo de discipulado central. Jesús mismo tenía un equipo central conformado por Pedro, Santiago y Juan (Marcos 5:37). Aquellos individuos que todavía necesitan desarrollar cualidades de carácter pueden ser parte de un equipo de discipulado sin ser el líder designado de la célula juvenil.

Es liberador para los futuros líderes cuando se les dice que no van a dirigir al grupo individualmente, sino que trabajarán en equipo. Los líderes potenciales se sienten más seguros cuando saben que no tendrán que hacer todo ellos mismos. Los nuevos grupos también son mucho más saludables cuando son dirigidos por un equipo de liderazgo. Idealmente, todos los miembros del equipo habrán completado el equipamiento de discipulado.

¿Cuántos deben estar en un equipo celular? Jesús tenía un equipo de tres de entre los doce, pero un equipo también podría ser más grande, como se ejemplifica en el equipo misionero del apóstol Pablo (Hechos 12:25; 13: 1; 15:39). Pero un equipo también podría ser más pequeño. Jesús envió a sus discípulos en grupos de dos para iniciar grupos en las casas. Las Escrituras dicen, "Después de esto, el Señor escogió a otros setenta y dos para enviarlos de dos en dos delante de él a todo pueblo y lugar adonde él pensaba ir... Cuando entren en una casa, digan primero: 'Paz a esta casa'". (Lucas 10:1-5).

Creo que lo mejor es que una persona guíe al equipo de liderazgo a nivel de grupo pequeño y de iglesia. Incluso con el énfasis de la pluralidad de líderes del Nuevo Testamento, hay indicios de que una persona dirigía los equipos de las iglesias en las casas (por ejemplo, 1 Timoteo 5:17). Cuando nadie está a cargo, es común que nadie asuma la responsabilidad, lo que conduce a la falta de claridad y dirección.

Las funciones de liderazgo del equipo deben distribuirse de acuerdo con los dones de cada miembro. Si Joe tiene el don de la evangelización, él debe ser responsable de organizar las actividades de alcance de grupos pequeños. Si Nancy tiene el don de la misericordia, ella puede visitar a un miembro hospitalizado u organizar la visita. Si José tiene el don de enseñar, puede rotarse para dirigir la lección de grupo pequeño o para acompañar a un miembro en el entrenamiento aprobado por la iglesia. Si Jeanie tiene el don del apostolado, ella debería estar encabezando la siguiente multiplicación de la célula. Si Andrew tiene el don de la administración, él puede estar a cargo de distribuir las responsabilidades de los grupos pequeños—quién trae el refrigerio, dirige la adoración, la oración, la lección, y así sucesivamente.[50]

Una vez que hayas establecido quién estará en el equipo, haz hincapié en el amor y la servidumbre. Los miembros del equipo deben hablar directamente con otros miembros del equipo, en lugar de chismorrear, especialmente evitando la trampa sutil de chismorrear en nombre de orar por tal y tal cosa. La honestidad absoluta y la disposición de caminar a través del conflicto—y en realidad crecer a través de él—son rasgos importantes que hacen o deshacen el ministerio de equipo eficaz. Recuerda que incluso el gran apóstol Pablo no pudo manejar a uno de sus propios miembros del equipo y terminó dejando a su equipo debido al conflicto (Hechos 15: 2). El ministerio de equipo puede ser intenso, y por lo tanto es esencial tener un espíritu perdonador, permitir que el amor cubra una multitud de pecados, y especialmente desarrollar una amistad entre los miembros del equipo. De hecho, la amistad es el nexo que sostiene al equipo al pasar de los años.

Estoy convencido que el liderazgo de equipo es esencial para el ministerio celular eficaz. Sí, hay un precio a pagar con el liderazgo compartido y probablemente se producirán conflictos. Sin embargo, las recompensas y los frutos del liderazgo de equipo superan con creces las dificultades a lo largo del camino. El liderazgo de equipo también allana el camino para las células sanas y fructíferas que no dependen de una sola persona. Como Salomón dijo una vez hace mucho tiempo, " Uno solo puede ser vencido, pero dos pueden resistir. ¡La cuerda de tres hilos no se rompe fácilmente!" (Eclesiastés 4:12).

BUSCANDO A LA JUVENTUD FAST

Los jóvenes son soñadores y a menudo viven en un mundo ideal. Muchos jóvenes no logran igualar la intención con la realidad. Algunos necesitan más tiempo para madurar. Si bien todos los jóvenes deben estar equipados, algunos jóvenes tienden a ser más confiables como líderes celulares y miembros del equipo. Un buen acróstico para evaluar esto se llama FAST (por sus iniciales en inglés): Fiel, Disponible, Orientado al Servicio, Enseñable.

Fiel: Una persona puede llevar mucho fruto, pero si no es fiel, no se puede confiar en esa persona. Una gran parte del ministerio fructífero es estar presente, estar a tiempo y poseer una cualidad de responsabilidad; la gente puede contar con esa persona para cumplir lo que dice. El ministerio a largo plazo requiere fidelidad. Es uno de los aspectos críticos del liderazgo.

Disponible: La disponibilidad de un joven demuestra prioridad. En otras palabras, la gente hace tiempo para aquellas cosas que son importantes. Cuando un joven está dispuesto a quedarse un rato más, limpiar cuando todo el mundo se ha ido, y a ser voluntario para las tareas del ministerio, por lo general es una señal de que el ministerio juvenil es importante. Doug Fields escribe sobre cómo elige a sus líderes potenciales:

> Quién está haciendo los trabajos que otros estudiantes creen que están por debajo de ellos: recoger la basura, apilar sillas y limpiar. . . Espero ver a los estudiantes acercarse a los estudiantes aislados o tímidos, los que están en las esquinas, que mantienen su distancia de la multitud. Y cuando todo parece haberse terminado, miro a mi alrededor para ver quién ha permanecido buscando una oportunidad de ayudar con cualquier cosa. Es fácil salir de la puerta y echar de menos ver a algunos estudiantes ofreciéndose a trabajar cuando todo el mundo está cansado. Estos tres grupos de estudiantes proporcionan alivio y me dan ideas para líderes potenciales.[51]

Orientado al Servicio: ¿qué clase de actitud tiene el líder potencial? Si el joven es áspero, despreocupado e incluso grosero, él no está listo para ser la persona designada en un equipo de liderazgo. Jesús dio prioridad a la humilde tarea de servidor de lavar los pies de sus discípulos y advirtió contra el señorío sobre otros. Poseer conocimiento es mucho menos importante que aplicar las verdades bíblicas de una manera que modela los principios de discipulado que Jesús dejó con sus discípulos. Y una de las verdades más importantes del discipulado es el amor y la servidumbre. Tener un corazón de servidor es un rasgo esencial en el ministerio.

Enseñable: Completar el equipamiento de discipulado es un buen lugar para comenzar, pero siempre hay más que aprender en la vida. El discipulado nunca alcanza el punto de culminación en esta vida. ¿El líder potencial actúa como si él o ella ha llegado a ese punto? Es muy difícil entrenar a alguien que se resiste a consejos y sugerencias. La mayoría de las lecciones profundas se aprenden en el camino, en los momentos básicos de la vida. Si el pastor o supervisor juvenil no puede acercarse al líder potencial para ofrecer correcciones, el futuro ministerio se desmoronará y podría ocurrir la rebelión. Es mejor no dar posiciones de liderazgo a aquellos que no están dispuestos a aprender y de buena gana recibir corrección.

Más allá de FAST, la transparencia y la madurez son rasgos importantes a buscar en los líderes juveniles potenciales. La transparencia puede definitivamente ser modelada y enseñada, mientras que la madurez viene con el tiempo y con la experiencia. Debido a que la madurez lleva tiempo, a menudo los que trabajan con jóvenes buscan líderes celulares que son ligeramente mayores que a los que dirigen. Brian Sauder escribe:

> Probablemente sea una buena idea que los líderes de las células juveniles tengan por lo menos un nivel de madurez por delante de las personas de su grupo. Por ejemplo, los chicos de preparatoria dirigen las células de

chicos de secundaria y, si tienen la madurez suficiente, dirigen también a sus compañeros de preparatoria. Sin esta madurez, puede resultar demasiado pesado para un chico de preparatoria dirigir a sus compañeros, incluso con una cercana cobertura espiritual por los líderes juveniles.[52]

PRINCIPIOS PARA EQUIPAR A LA JUVENTUD

Para ganar a la próxima generación, el equipamiento es esencial. El equipamiento de discipulado convierte a los miembros en ministros y les da confianza para abrir sus hogares y penetrar en la comunidad no cristiana para Jesucristo.

El mejor equipamiento en el ministerio celular juvenil implica la interacción personal entre el líder y los discípulos. La atención personal es crítica.

El equipamiento debe ser factible con respecto al tiempo y flexible con respecto a las opciones para tomarlo. La flexibilidad ocurre cuando los jóvenes comprenden la meta: hacer discípulos que hacen discípulos. El equipamiento para el discipulado no debe ser complicado sino claro y simple. El plazo promedio para completarlo es de cuatro a nueve meses. Muchas iglesias celulares tienen un equipamiento de discipulado avanzado para aquellos que completan el primer nivel. Hay seis principios clave vitales para el discipulado eficaz con los jóvenes.

El libro de Joel Comiskey, *Leadership Explosion (Explosión de Liderazgo)* (2001), detalla los principios de cómo iglesias celulares de todo el mundo equipan a sus congregaciones para que se conviertan en hacedores de discípulos. El libro de Comiskey, *Making Disciples in the Twenty-first Century Church (Haciendo Discípulos en la Iglesia del Siglo XXI)* (2013) resalta como el hacer discípulos es la esencia del ministerio celular.

Principio #1: Mantén Simple el Equipamiento de Discipulado

La capacidad de atención de los jóvenes es corta. Es importante no tener demasiados pasos en el primer nivel, haciendo que el discipulado sea largo y engorroso. Los jóvenes líderes potenciales podrían nunca llegar al punto de formar parte de un equipo de discipulado en una célula juvenil.

No compliques el equipamiento de discipulado inicial que hace discípulos de nuevos creyentes y los prepara para alcanzar a amigos y vecinos a través del ministerio celular. La mayoría de programas de equipamiento de las iglesias celulares preparan a sus líderes en las siguientes áreas:

- Doctrina básica
- Libertad de las ataduras (Retiro de Encuentro)
- Devocionales personales/tiempo a solas con Dios
- Evangelismo personal
- Entrenamiento de liderazgo

Principio #2: Provee Mecanismos para la Capacitación

La mejor formación se acompaña con experiencia práctica en el trabajo. El líder potencial necesita ver y experimentar la vida en la comunidad, especialmente el evangelismo. Recomiendo los siguientes pasos de acción:

- Primer paso: aprender las verdades fundamentales de la vida cristiana. Paso de acción: ser bautizado.
- Segundo paso: asistir a un retiro de Encuentro. Paso de acción: romper con los hábitos pecaminosos.
- Tercer paso: aprender a tener un tiempo a solas con Dios. Paso de acción: tener un tiempo a solas con Dios a diario.

- Cuarto paso: aprender a evangelizar. Paso de acción: compartir el evangelio con una persona con la que has llegado a relacionarte.

- Quinto paso: aprender a dirigir un grupo celular. Paso de acción: formar parte de un equipo de discipulado o ser la persona que dirige un grupo de jóvenes.

Recuerda que los jóvenes deben practicar lo que escuchan en el equipamiento. No sólo quieren oír hablar de evangelismo (tercer paso), sino que deben salir y evangelizar.

Esto también es cierto en el liderazgo de un grupo celular. Los jóvenes que toman el equipamiento necesitarán experimentar de manera práctica lo que están aprendiendo, así que es mejor si están participando activamente en su propio grupo celular.

El pastor Jim Corley desarrolló su propio proceso paso a paso que es claro y conciso:

- Unirse a un grupo celular.

- Completar el curso Crossfire (Entre Balas) (ofrecido durante la escuela dominical, en un seminario de sábado, o antes o después de la célula). Paso de acción: bautizarse y convertirse en miembro.

- Asistir a un retiro de Encuentro. Paso de acción: romper los hábitos pecaminosos.

- Completar el curso How to Have a Quiet Time (Cómo Tener un Tiempo a Solas con Dios) (ofrecido durante la escuela dominical, en un seminario de sábado, o antes o después de la célula). Pasos de acción: Practicar devocionales personales regulares, ser asignado por el líder de la célula a un compañero a quien rendir cuentas, aceptar servir como aprendiz de líder de célula, completar la evaluación de vida espiritual.

- Completar el curso, How to Evangelize (Cómo Evangelizar) (ofrecido durante la escuela dominical, en un seminario de sábado, o antes o después de la célula). Paso de acción: Compartir su testimonio con un no creyente y presentar el evangelio.

- Completar el curso How to Lead a Cell Group (Cómo Dirigir un Grupo Celular) (ofrecido durante la escuela dominical, en un seminario de sábado, o antes o después de la célula). Paso de acción: participar en cada aspecto del liderazgo celular con el objetivo de estar involucrado en un nuevo lanzamiento de células, ya sea como miembro del equipo o líder principal.

Principio#3: Reconoce la Variedad en la Metodología

El equipamiento se puede enseñar en una variedad de maneras. No confundas la metodología (dónde o cómo se entrena a los jóvenes) con el equipamiento de discipulado.

He notado una gran variedad de metodologías para implementar la capacitación. Es posible enseñar el equipamiento de discipulado antes del culto juvenil, durante la hora de la escuela dominical, o individualmente. Tú puedes hacerlo antes de que la célula comience, después de que la célula termine, o durante un entrenamiento de un día.

El equipamiento de discipulado puede tener lugar en una variedad de lugares. Muchas iglesias usan su hora de escuela dominical para el equipamiento dentro del edificio de la iglesia. A otros les gusta usar el entorno familiar. Otros piden a los miembros de la célula que completen el equipamiento de discipulado por su cuenta y luego pueden reunirse uno a uno en un Starbucks, McDonalds o cualquier otro lugar propicio para la comunicación.

Principio #4: Utiliza Sólo un Programa de Equipamiento

Aunque se debe permitir la flexibilidad en la elección de cuándo y dónde equipar a las personas, aconsejo a las iglesias que tengan un solo equipamiento de discipulado, aunque ese equipamiento de discipulado debe adaptarse a los jóvenes.

Muchos pastores dudan en implementar un equipamiento de discipulado porque no están seguros cuál equipamiento de discipulado es el mejor o qué material usar. Si el pastor no es del tipo creativo, lo mejor es usar el material de discipulado de otra persona al principio. El objetivo, sin embargo, es siempre ajustar y adaptarse hasta que el equipamiento de discipulado sea cien por ciento parte de la cultura de la iglesia local.

No creo que sea necesario crear un equipamiento de discipulado por separado para los jóvenes. Más bien, aconsejo que los que trabajan con los jóvenes adapten el equipamiento para adultos para que sea más dinámico y relevante para los jóvenes, manteniendo la esencia básica del equipamiento para adultos. Esto asegura que toda la iglesia está aprendiendo doctrinas y disciplinas similares de la fe cristiana.

José Abaroa, ministro de jóvenes en la Iglesia Cypress Creek (CCC por sus siglas en inglés), anima a todos los jóvenes a tomar el equipamiento de toda la iglesia que comienza con un fin de semana de formación espiritual llamado un retiro de Encuentro. Ellos tratan de tener dos retiros de Encuentro por semestre. También tienen pasos adicionales del equipamiento después del Encuentro y uno de esos pasos es el equipamiento de oración—cómo orar tanto personalmente como en grupo. Cypress Creek respira la vida de oración, principalmente porque Cecilia Belvin, pastora de oración en CCC, ha desarrollado uno de los ministerios de oración más vitales que he presenciado en una iglesia.

La Iglesia de la Vid en Brasil tiene un equipamiento para todos los que dirigen grupos celulares, ya sean células adultas, células juveniles o células infantiles. A medida que los jóvenes pasan por el equipamiento, el mismo material se aplicará de manera diferente a la juventud, con ilustraciones que reflejan la cultura juvenil. Sin embargo, la enseñanza es la misma.

El primer paso en la Iglesia de la Vid es un retiro de Encuentro. En la iglesia central de Goiania hay un Encuentro cada fin de semana. El Encuentro empieza un viernes y termina el domingo. La gente es salvada, liberada del pecado, sanada y llena del Espíritu. El domingo, la gente testifica cómo Dios ha cambiado sus vidas. Entonces la persona pasa por el resto del equipamiento. Lo llaman el Camino del Ganador. Los pasos son:

1. Retiro de Encuentro

2. Curso Agua Viva

3. Bautismo

4. Curso de Discipulado

5. Curso de Madurez Espiritual

6. Curso de Entrenamiento de Líderes

A todos los que están en la iglesia se les anima a tomar todo el equipamiento, y terminar el equipamiento es un requisito para el liderazgo. La Vid tiene la misión de desarrollar un ejército de líderes que puedan cambiar al mundo, empezando con los niños, luego con los jóvenes y continuando en sus años de adulto.

La Primera Iglesia Bautista Campo Grande (FBCG por sus siglas en inglés), ubicada en Campo Grande, Brasil, equipa a los líderes de las células adolescentes el martes por la noche con temas como:

- Bases bíblicas
- Interesarse los unos por los otros
- Llevando a la gente a Jesús
- Conceptos esenciales del grupo celular
- Fases del grupo celular
- Dinámica del liderazgo
- Discipulado
- Multiplicación del grupo
- Supervisión

La FBCG también enseña a los líderes adolescentes sobre cómo impartir la lección semanal.

Iglesia Cuadrangular Belem en Belem, Brasil cuenta con un año de equipamiento que incluye:

- Bautismo
- Encuentro con Dios
- Discipulado personal de siete semanas después del retiro de Encuentro
- Entrenamiento semanal. Este entrenamiento nunca se detiene. También hay un entrenamiento para nuevos creyentes y para creyentes mayores. En esas reuniones semanales, tienen un curso llamado Vamos, que está orientado a la preparación de futuros líderes de células juveniles.

Principio #5: Equipa a Todos para ser Discípulos que Hagan Discípulos

Idealmente, cada nuevo creyente debe comenzar inmediatamente a asistir a una célula y comenzar el programa de equipamiento.

En realidad, a menudo toma más tiempo. Sin embargo, cuanto más una iglesia cierre la brecha entre el idealismo y la realidad, más eficaz será. El objetivo es hacer discípulos que hagan discípulos y esto incluye a todos. No todo el mundo se convertirá en la persona designada en un equipo de liderazgo, pero todo el mundo puede ser parte de un equipo de liderazgo.

Durante muchos años, proclamé que todos debían ser entrenados para convertirse en un líder celular. Sin embargo, me di cuenta de que la Biblia no dice directamente que todos deben convertirse en un líder. Jesús usó la palabra discípulo para describir a sus seguidores. Dios comenzó a cambiarme y a ayudarme a comprender una base más bíblica para la esencia del ministerio celular, que es hacer discípulos que hagan discípulos. Esta debe ser la meta del equipamiento y la realidad es que todos pueden ser parte de un equipo de discípulos que dirigen un grupo celular.

Principio #6: Continuamente Ajusta y Mejora la Capacitación

Mi consejo es adaptar, ajustar y mejorar el sistema de entrenamiento a medida que recibes retroalimentación de los que lo han tomado. Tú no tendrás un equipamiento increíble inmediatamente. Incluso si usas el equipamiento de otra persona, al principio se sentirá como la armadura de Saúl en David. No será tu equipamiento. Esto es especialmente cierto en el ministerio juvenil. Tendrás que ajustar el equipo para que sea relevante para los jóvenes de hoy. Pero la buena noticia es que a Dios le encanta conceder el poder de la creatividad a los que le piden, y él te mostrará cómo hacer que el equipamiento sea tuyo.

El equipamiento de discipulado es esencial en la preparación de los líderes juveniles y equipos de discipulado. Sin embargo, es posible equipar a una persona e incluso a un equipo, sólo para ver al grupo fracasar con el tiempo. A menudo la razón del fracaso no tiene nada que ver con el equipamiento de discipulado. El problema reside en el seguimiento; es un problema de capacitación. Los líderes y los equipos necesitan un supervisor para que se mantengan saludables a largo plazo, especialmente después de dar a luz a nuevas células y discípulos.

Capítulo 8

Supervisando Células Juveniles

Vivo en California, y como en la mayoría de los lugares en Norteamérica, soy totalmente dependiente de un auto para movilizarme. El transporte público simplemente no es adecuado para llevarme a la tienda, al aeropuerto, o a una célula familiar durante la semana. En algunos lugares, como Manhattan, Nueva York, sin embargo, los sistemas de metro y tren son mucho mejor que un auto debido a la congestión del tráfico y la falta de estacionamiento. El transporte depende de una serie de factores, como el contexto y la tecnología.

El transporte de principios del siglo XIX fue el caballo y el carruaje. No fue hasta fines de ese siglo que los ferrocarriles cambiaron las vidas y los hábitos de las personas. Pero incluso después de la llegada del ferrocarril, las áreas remotas todavía confiaban en los caballos para el transporte local. Las diligencias a caballos ayudaban a las personas a ir de un lugar a otro.

La palabra coach (carroza o entrenador en español) original-
mente provenía de un antiguo término húngaro que se refiere a
los carruajes y carros que se hicieron en el pueblo de los Kocs.
En la frontera occidental americana, los grandes carros de cuatro
ruedas a caballo también se llamaban "diligencias". El uso del
término evolucionó en el siglo XIX como una parte de la jerga
universitaria para significar un instructor o un amaestrador, "la
noción era que el estudiante era conducido a través del examen
por el profesor como si estuviese montando en un carruaje."[53]

Los supervisores (entrenadores) son los que llevan a los líderes
de un lugar a otro. No enseñan simplemente; llevan y caminan
al lado del líder. La palabra supervisor es descriptiva del papel
que una persona juega mientras que él o ella apoya a los facilitadores de la célula bajo su cuidado. No es un término sagrado.
De hecho, las iglesias utilizan muchos términos para identifi-
car el papel desempeñado por el supervisor del grupo celular:
entrenador, líder de sección, líder G12, superintendente celular,
patrocinador celular, incluso L (que es el número romano para
50). He escrito extensamente en otros libros sobre las diferentes
estructuras de supervisión que utilizan las iglesias celulares.

El supervisor principal en la iglesia celular es el pastor principal,
que dirige a los líderes en una variedad de grupos de edad. Las
células juveniles comprenden una red en la visión de la iglesia
celular. El pastor principal es el visionario principal y pastorea
a los que trabajan con jóvenes quienes a su vez se interesan por
el bienestar de los líderes de las células juveniles. Por supuesto,
hay iglesias que son dirigidas por pastores de jóvenes a cargo de
una congregación joven, pero finalmente, como en el caso de la
Dove Christian Fellowship (Fraternidad Cristiana Paloma), los
líderes juveniles envejecen, tienen hijos y, finalmente, buscan
líderes para discipular a los jóvenes. La supervisión es fundamental para asegurar que los líderes tengan éxito durante un
largo período de tiempo.

DESARROLLANDO SUPERVISORES A PARTIR DE LAS CÉLULAS

Aquellos que supervisan a líderes de células juveniles deben provenir del sistema celular. Es decir, los supervisores primero debieron haber sido preparados en un grupo celular, haber dirigido una célula, haberla multiplicado y haber supervisado a esos líderes de multiplicación.

Conocimos al pastor Valter de la iglesia Belem en los primeros capítulos. Aunque el pastor Valter es el pastor principal de jóvenes, la iglesia Belem ha preparado a otros diez pastores de jóvenes de tiempo completo desde dentro. Cada uno de estos pastores de jóvenes se preparó en el sistema celular juvenil. Cada uno lideró primero una célula, la multiplicó y luego dirigió a los nuevos líderes. El llamado de Dios y el carácter cristiano desempeñaron un papel esencial, pero estos pastores también experimentaron el ministerio celular de primera mano y tienen mayor conocimiento y autoridad en sus responsabilidades actuales.

Cuando una iglesia hace la transición al ministerio de iglesia celular de una iglesia tradicional, toma más tiempo preparar supervisores desde dentro. Una iglesia decidió hacer la transición a la iglesia celular, pero ya había contratado a un pastor de jóvenes para ejecutar eventos y programas en el formato tradicional. El pastor principal quería consejo sobre cómo integrar a este pastor de jóvenes a la visión celular. Animé al pastor a pedirle al pastor de jóvenes que dirigiera una célula, la multiplicara y luego supervisara una red de células juveniles. Le aconsejé no permitir que este pastor de jóvenes hiciera lo suyo, dirigiera sus propios programas y no se integrara en el sistema celular.

Mario es un supervisor en la Iglesia Elim. A los dieciocho años de edad, conoció a su esposa en una célula juvenil, aunque en

ese momento no sabía que se casarían. Sin embargo, su atrac-
ción por ella era una motivación primaria para asistir a la célula
juvenil. Al escuchar la Palabra de Dios e interactuar con los
demás, fue transformado por la Palabra de Dios. Él fue capaz
de hablar de manera transparente sobre sus heridas y abuso y
encontró sanidad en Dios. Pasó por el equipamiento de seis
meses, multiplicó su grupo celular más de una vez, y finalmente
se convirtió en supervisor de líderes de células juveniles.

EXTENSIÓN DE CUIDADO

El número de líderes de grupos celulares del que un supervisor
debe estar a cargo varía de iglesia en iglesia, dependiendo de la
visión de la iglesia y la capacidad del supervisor. Si el supervisor
también dirige un grupo pequeño, yo diría que el supervisor no
debe asumir más de tres líderes. Si el supervisor no dirige un
grupo pequeño, cinco son aceptables. Cuando los supervisores
están a cargo de más de cinco líderes, la calidad de la supervisión a menudo sufre.

Animo a los líderes de las células madre a entrenar a los líderes de
las células hijas de su propio grupo, si el líder de la célula madre
está dispuesto y tiene tiempo. La razón es porque ya existe una
relación entre los líderes. Al igual que una madre cuida a sus
hijos, el líder de la célula madre tiene una afinidad especial por
el nuevo líder y probablemente tomará más cuidado al visitar,
orar y asegurar el éxito del líder.

A veces, el líder de la célula madre no es capaz de entrenar al
líder de la célula hija debido a las limitaciones de tiempo, el
deseo o la capacidad del supervisor. En estos casos, lo mejor es
asignar un supervisor al nuevo líder del equipo. La clave es que
cada nuevo líder tiene un supervisor que está orando, visitán-
dole y sirviéndole.

La Iglesia Cuadrangular Belem escoge a los supervisores de aquellos que ya están dirigiendo grupos, pero eventualmente el líder dejará de dirigir al grupo y se centrará más en la supervisión. El supervisor obtiene los informes cada semana y da a conocer lo que está sucediendo al equipo de liderazgo. El equipo de liderazgo en Belem elige a los supervisores basados en el carácter, la madurez en Jesús, y los frutos en el ministerio celular.

INVIRTIENDO TIEMPO CON LOS LÍDERES

El tiempo personal entre el supervisor y el líder es el nexo que evita que el ministerio celular eficaz de desmorone.

El pastor principal entrena a los líderes de la red (incluyendo a la persona designada a los jóvenes); los líderes de la red entrenan a los líderes celulares que a su vez pastorean a los miembros.

José Abaroa, pastor de jóvenes en la Iglesia de Cypress Creek, ha desarrollado secciones que trabajan junto a las células juveniles. Las secciones se reúnen cada dos semanas, mientras que los grupos celulares de jóvenes se reúnen semanalmente. El líder de una célula de jóvenes debe estar en una sección para recibir supervisión.

Recomiendo reuniones de supervisión al menos una vez al mes en un contexto de grupo (el supervisor con todos los líderes que él o ella está supervisando) y una reunión uno a uno entre el líder y el supervisor una vez al mes. El contexto grupal plantea problemas comunes y anima a los líderes a interactuar entre sí. La supervisión individual ayuda al supervisor a satisfacer las necesidades personales y profundas de cada líder (por ejemplo, la familia, necesidades personales, trabajo y vida espiritual).

Los ministros de jóvenes (a sueldo o voluntarios) deben dedicar
la mayor parte del tiempo a entrenar a los líderes o supervisores,
dependiendo del tamaño del grupo juvenil. Los mejores ministros de jóvenes entrenan a los líderes y luego permiten que los
líderes pastoreen a los miembros del grupo. Los ministros de
jóvenes ineficaces evitan a los líderes celulares e intentan pasto-
rear a los estudiantes directamente.

Algunos líderes necesitan reunirse más de dos veces por mes.
Otros líderes necesitan menos tiempo. Jim Egli, quien hizo su
doctorado en el ministerio celular, escribe:

> Los supervisores necesitan una reunión personal con
> su director de grupo pequeño o su pastor al menos
> mensualmente. Los líderes de grupos pequeños nece-
> sitan dos reuniones con su supervisor cada mes—una
> que se enfoque en ministrarles a ellos personalmente y
> una que se enfoque en la misión de su grupo. . . Como
> mínimo, los supervisores deben reunirse con sus líderes
> al menos una vez al mes. La gran ventaja de reunirse
> dos veces al mes o cada dos semanas es que te permite
> ir más allá de la ministración personal de los líderes de
> tu grupo pequeño a la planificación real y la resolución
> de problemas.[54]

Doug Fields, dirigiéndose a pastores de jóvenes, dice:

> Debido a los altos requisitos de los líderes estudiantiles,
> debe haber una alta recompensa. Los líderes estudianti-
> les deben pasar más tiempo contigo y con otros líderes
> adultos. No me disculpo por pasar la mayor parte de mi
> tiempo designado a los estudiantes con los líderes estu-
> diantiles. Visito a los estudiantes en sus juegos y en sus
> campus, pero casi siempre voy con un líder estudiantil.
> Quiero invertir mi tiempo siendo un líder de líderes.[55]

CLAVES DE SUPERVISIÓN

Los supervisores eficaces se enfocan en las necesidades específicas de los líderes. ¿Qué le falta al líder? ¿Qué necesidades particulares tiene el líder? Para hacer esto efectivamente, ciertos principios de supervisión son importantes.

Oración

Los supervisores van a la batalla en nombre de los líderes bajo su cuidado y proporcionan protección espiritual contra los ataques de Satanás. Los supervisores eficaces cubren a los líderes con un escudo de oración y luego cuando hablan personalmente, hay una unidad que ya se ha desarrollado a través de la oración. Animo a los supervisores a orar continuamente por sus líderes, y a luego contarles de esas oraciones. Esto ayudará enormemente en el ámbito espiritual y dará a los líderes una esperanza renovada y confianza en el ministerio.

Escuchar

El elemento más importante de la supervisión efectiva es escuchar. A menudo, el líder ya sabe qué hacer. Los supervisores pueden centrarse tanto en lo que quieren decir que se olvidan de que el trabajo real es escuchar. El supervisor debe reconocer que su agenda es secundaria a la agenda del líder. Un gran supervisor sabe cuándo callarse y dejar que la otra persona hable.

Prepararse para escuchar requiere algunas tareas previas a la reunión. Esta preparación implica pensar en las circunstancias y necesidades de cada líder. Es una buena idea anotar apuntes e ideas sobre el líder que se puedan revisar antes de la próxima reunión. Esto ayuda al supervisor a recordar las conversaciones pasadas y prepara al supervisor para escuchar con más atención.

Los grandes supervisores no sólo escuchan sobre lo que ha ocurrido en la célula, sino que también están preocupados por la vida del líder en general: las luchas emocionales, la vida devocional y el trabajo. A menudo hay cargas que necesitan ser compartidas para que el líder haga un mejor trabajo. El supervisor atrae al líder a través de una escucha cuidadosa.

Animar

El estímulo es fundamental porque los líderes de los grupos pequeños a menudo no sienten que están haciendo un gran trabajo. Se comparan con otros y se sienten como fracasos. Escuchan sobre el otro líder del equipo que ya multiplicó la célula y ganó varias almas para Jesús. "¿Por qué no hay más gente que viene a mi grupo celular?" Los supervisores eficaces usan todas las oportunidades para alentar al líder. "Jim, te presentas a todos los grupos celulares, es un gran trabajo, eso requiere mucho esfuerzo porque sé que estás ocupado".

Cuidar

El pastor se preocupa por el supervisor y el supervisor se preocupa por los líderes. El líder a su vez se preocupa por los miembros. Todo el mundo necesita ser supervisado y cuidado. La supervisión ayuda al sistema a fluir en unidad—como la Iglesia primitiva. A menudo la mejor manera de cuidar al líder es ser un amigo. La frase "amistad con propósito" resume de qué se trata la supervisión. Jesús, el supervisor definitivo, reveló este sencillo principio en Juan 15:15, cuando dijo a sus discípulos: "Ya no los llamo siervos, porque el siervo no está al tanto de lo que hace su amo; los he llamado amigos, porque todo lo que a mi Padre le oí decir se lo he dado a conocer a ustedes."

Desarrollando

Los supervisores preparan a los líderes de manera formal e informal. Un supervisor apoya el ministerio de cada líder conectándolo a los recursos necesarios, como un currículo, equipamiento o apoyo de oración. Un supervisor puede decir:

"John, aquí hay un enlace a un artículo sobre escuchar. Por favor, léelo y lo repasaremos la próxima vez que nos veamos". O si John no es el tipo que iría a Internet para leerlo, el supervisor simplemente lo imprimiría y se lo daría al líder. Más tarde el supervisor le preguntaría al líder lo que él o ella piensa. Si el líder no está dispuesto a comprometerse a hacerlo por su cuenta, podría ser una buena idea leer el artículo completo con el líder.

Planeando

Los supervisores ayudan al líder de la célula a prever futuros líderes de discipulado animando al líder a desarrollar una planificación estratégica para que todos participen en el grupo. El supervisor podría decir: "Tony, ¿has visto a Jill en tu grupo, por qué no la consideras como una futura líder?"

El supervisor también le recuerda al líder de la célula que la planificación estratégica debe incluir alentar a todos los miembros a tomar el equipamiento de discipulado, sabiendo que nadie será un futuro miembro del equipo sin graduarse del proceso de equipamiento. Los supervisores eficaces también ayudan en el proceso de nacimiento de una célula a medida que el grupo envía un nuevo equipo de líderes.

Desafiando

Cuando un líder de equipo está estancado, los miembros lo perciben. Se preguntan qué le pasa al grupo. Falta vitalidad, la lección no está preparada y el líder emana cierto aburrimiento.

Los supervisores celulares efectivos están lo suficientemente cerca como para detectar la falta de vitalidad del líder. El supervisor debe estar dispuesto a hablar directamente con el líder, sabiendo que la condición espiritual negativa del líder afectará a los miembros del grupo. Pablo, en su mensaje a la iglesia de la casa de Éfeso, dijo: "Más bien, al vivir la verdad con amor, creceremos hasta ser en todo como aquel que es la cabeza, es decir, Cristo." (Efesios 4:15).

Los grandes supervisores buscan modelar las palabras de Pablo mediante una interacción honesta y en hacer las preguntas difíciles. Animo a los supervisores a comenzar con la frase: "¿Puedo tener permiso para compartir algo contigo?" El líder debe saber que el supervisor dará una respuesta directa e irá directo al grano.

VISITACIÓN CELULAR

Una de las formas fundamentales de supervisión es visitar el grupo celular del líder. De esta manera el supervisor puede ver lo que realmente está sucediendo, no sólo lo que el líder dice que está pasando. Cuando el supervisor visite la célula, le animo a que se mezcle como uno de los miembros de la célula y que participe como cualquier otro miembro en el grupo celular.

Visitar un grupo celular es una de las mejores maneras para que el supervisor observe los patrones de liderazgo celular. ¿El líder del equipo habla demasiado? ¿No es suficiente? ¿Cómo lidia el líder con los habladores? ¿Los silenciosos? ¿Sigue el plan de lección de la célula? ¿Termina a tiempo?

Cuando hables con el líder personalmente sobre la célula, comienza con aspectos positivos y luego resalta las áreas que necesitan mejorar. Esto ayudará en el proceso de discipulado y animará al líder a acercarse más a Jesús.

SUPERVISIÓN DE EQUIPO

Los pastores de jóvenes deben estar en sintonía con la visión del pastor principal. Con suerte, el pastor principal es apasionado por el ministerio celular y guía al ministro de jóvenes por el mismo camino. Foster dijo: "El ministerio juvenil es muy duro.

Una de las razones es que el pastor de jóvenes tiene que estar 100% de acuerdo con la visión del pastor principal. Sin esta completa sumisión a la autoridad, es fácil caer en una mentalidad de yo contra todos".

El ministro de jóvenes debe recordar constantemente que el pastor principal es humano y comete errores, al igual que todos los demás. La perfección está en el reino de los ángeles, no de los humanos. El pastor principal olvidará cumpleaños, cumplidos y compromisos. Los que trabajan con jóvenes necesitan permitirle al pastor no ser perfecto. Cuanto antes se dé cuenta de esto el que trabaja con jóvenes, mejor.

DA EL PRIMER PASO

Los pastores y líderes a veces pueden sentirse abrumados cuando se trata de priorizar el ministerio juvenil. Pero es importante recordar que el primer paso no tiene que ser grande. Mi consejo a los pastores y líderes es comenzar en pequeño. Les recuerdo que ellos no lo saben todo cuando empiezan. Pero es mucho peor no intentarlo. El siguiente capítulo articulará una serie de pasos, con el objetivo de hacer la transición de la juventud en el ministerio celular.

Capítulo 9

Haciendo la Transición a Células Juveniles

Alguien dijo: "Lo bueno de ser joven es que no tienes suficiente experiencia para saber que no eres capaz de hacer las cosas que estás haciendo."[56] Los jóvenes están abiertos a experimentar con nuevos desafíos y no les importa el cambio que estos traen. El cambio, las nuevas direcciones y la flexibilidad separan a los jóvenes de los demás. No le temen a las vueltas y giros que se encuentran a lo largo del camino de la vida. Ellos los esperan. De hecho, la vida se convierte rápidamente en aburrida para los jóvenes cuando los horarios y los planes se vuelven demasiado rígidos. Y tal vez esta disposición a cambiar es porque Dios a menudo revela su plan a la juventud antes que al resto de la iglesia.

El éxito a largo plazo en la transición al ministerio de células
juveniles requiere una profunda convicción y compromiso con
los valores detrás de hacer discípulos en las células. Pero la transición no se detiene ahí. Debe pasar de la fase de la visión a la
etapa de planificación hasta la implementación real.

> Busca el libro de Joel Comiskey, *Myths and Truths of the Cell
> Church (Mitos y Verdades de la Iglesia Celular)* (2011), para apren-
> der sobre los obstáculos a ser evadidos al hacer la transición
> hacia el ministerio de la iglesia celular.

PASO 1: ARTICULA LA VISIÓN

Al iniciar las células juveniles, es mejor resaltar los valores y
prioridades que guiarán la enseñanza y las estrategias a largo
plazo. Iniciar grupos celulares juveniles sólo porque alguien más
lo está haciendo no sostendrá al ministerio juvenil cuando surjan
las dificultades. Y éstas vendrán. Pero también pueden ser supe-
radas cuando hay un profundo conjunto de convicciones que
el ministerio celular juvenil es el camino correcto por recorrer.

La convicción de que los jóvenes son discípulos que pueden
formar otros discípulos es la base fundamental para iniciar las
células juveniles. Demasiadas iglesias no toman a la juventud
en serio hasta que se convierten en adultos. Cuando una iglesia
entiende apasionadamente que la mejor manera en que los jóvenes se conviertan en discípulos es través del ministerio celular,
la iglesia hará lo necesario para desarrollar un sistema de células
juveniles.

El equipo pastoral necesita tomarse el tiempo necesario para
orar y formular los valores y principios para iniciar las células
juveniles. La persona encargada de los jóvenes debe comunicar
claramente la visión y la transición, tanto al pastor como a los

jóvenes. Esto significa entrar en relaciones sinceras y significativas con líderes estudiantiles potenciales y adultos. A medida que el equipo pastoral determina los valores, estas convicciones ayudarán a la iglesia a saber cómo invertir tiempo, energía y recursos en los jóvenes.

Con demasiada frecuencia, los que trabajan con jóvenes cometen el error de ser llaneros solitarios, y eventualmente se sienten aislados y descuidados. Los que trabajan con jóvenes eficazmente obtienen la bendición del liderazgo de la iglesia y ministran dentro de un ambiente de equipo.

Los pastores principales tienen la responsabilidad de lanzar y mantener la visión para la iglesia. Y esta visión debe incluir a los jóvenes. Si el que trabaja con los jóvenes se siente como si estuviera siempre caminando sobre cristal, será muy difícil seguir adelante. El pastor principal necesita saber que la preparación de la juventud es un compromiso a largo plazo que debe continuar más allá del mandato del pastor. De hecho, la juventud de hoy reemplazará al pastor actual algún día.

La transición no es un camino fácil, y las iglesias deben prepararse para ello. Una visión para los grupos celulares juveniles requiere una actitud completamente diferente hacia la juventud. No tomar en cuenta el costo y no tomar las medidas necesarias para asegurar el éxito se traducirán en estancamiento e incluso en resistencia futura. Sin embargo, muchas iglesias han iniciado con éxito células juveniles y las han convertido en una parte vital de la iglesia. La diferencia entre el éxito y el fracaso en la transición a los grupos celulares juveniles es la preparación, la oración y persistencia.

PASO 2: PREPARA A LOS PADRES Y A LA IGLESIA

Lo ideal para comenzar a ayudar a los padres a aceptar el ministerio juvenil es compartir verdades bíblicas, presentar la

134 Los Jóvenes en el Ministerio Celular

motivación para desarrollar células juveniles y enfatizar cómo tanto los jóvenes como los padres se beneficiarán como resultado de esta nueva integración.

Dirige el enfoque de los padres al ministerio de casa en casa del Nuevo Testamento, en el cual las iglesias estaban en el hogar, y la juventud jugó un papel vital. El ministerio de células en las casas ofrece muchas más oportunidades para que los jóvenes vivan su fe, ya que los jóvenes están integrados en la vida de la iglesia "real". Verán a sus padres participando activamente en la adoración, la comunión y la aplicación de la Palabra, no como espectadores, sino como participantes activos.

Algunos se resistirán, pensando que la única forma de ministrar a los jóvenes es a través de programas y enseñanzas de domingo. La realidad es que los jóvenes en el ministerio celular aprovechan más la enseñanza del domingo mediante la aplicación de la enseñanza de la iglesia en los grupos celulares semanales, donde los jóvenes pueden hacer preguntas e interactuar con la enseñanza. Los jóvenes experimentarán lo que significa ser educados dentro del contexto de una familia. Se abraza la fe a través de relaciones de calidad, no de programas de calidad.

Prepara a los padres para ser hospitalarios. En términos prácticos, esto significa enseñarles a los padres a colocar a la gente antes que a las cosas, hacer discípulos de los jóvenes delante de alfombras limpias, y a ver la casa como un lugar de ministerio en lugar de un castillo privado. La realidad es que el ministerio del Nuevo Testamento de casa en casa requerirá un sacrificio. Trabajar con los jóvenes en los hogares también requiere un diálogo continuo entre los padres y la iglesia.

Es sabio recordar a los padres que los jóvenes son adaptables y que les encantará el cambio. Los adultos son los que necesitan revisar su opinión sobre la inclusión de los jóvenes en su vida de la iglesia. Los padres deben ayudar a sus jóvenes a hacer los ajustes, pero todo el grupo debe participar en una nueva actitud cambiada dirigida a la juventud. La buena noticia es que los adultos verán y oirán cosas maravillosas de los jovencitos.[57]

PASO 3: COMPRENDE EL PROCESO DE CAMBIO

El manejo de la dinámica del cambio es una de las cuestiones más importantes que enfrentará el liderazgo al iniciar o reconstruir el ministerio juvenil. La gente necesita tiempo para procesar ideas. Sus cabezas asentirán con entusiasmo al oír hablar de priorizar a los jóvenes en grupos pequeños, pero a menudo no han considerado las implicaciones. Dales tiempo a las personas para procesar las nuevas ideas a medida que explicas cuidadosamente cómo los cambios beneficiarán a sus familias. El adagio se aplica al ministerio juvenil: "Todo toma más tiempo del esperado, incluso cuando se espera que dure más de lo esperado".

De hecho, cada vez que se introduce algo nuevo en la vida de la iglesia, existe un potencial de conflicto. Una vez que una organización o sistema se pone en movimiento, éste tiende a seguir en la misma dirección. Las personas se sienten cómodas con sus tradiciones y patrones. A todo el mundo le gusta algo nuevo, por un tiempo. Pero cuando sientan el empuje, se aferrarán a lo viejo, lo establecido, y lo tradicional. Esta es la naturaleza humana.

La gente podría entusiasmarse con la transición a las células juveniles, pero cuando involucra su compromiso, como llevar a los jóvenes a las células, es fácil volver a los antiguos patrones de ministerio. Me gusta usar la frase "pataleos programáticos" para describir qué ocurre después de los cambios iniciales. De repente la gente comienza a darse cuenta que el cambio les afectará en los detalles prácticos de la vida diaria. Podría afectar la programación juvenil normal, que requiere abrir sus hogares para las células juveniles, o llevar a los jóvenes a sus actividades.

Deja varios años para hacer la transición de los jóvenes al ministerio celular. Conozco a un encargado de jóvenes que fracasó dos años consecutivos en establecer células juveniles. Pero no se dio por vencido, y en el tercer año, las cosas cambiaron para mejorar. Toma tiempo para que los nuevos grupos comiencen, para que los que ya existen se cristalicen, y para entrenar y equipar para comenzar a trabajar correctamente. La persistencia es a menudo el principal factor para lograr el éxito y evitar el fracaso.

PASO 4: INICIA CON UN GRUPO PILOTO

Es importante comenzar la primera célula con jóvenes que son espiritualmente fuertes y emocionalmente sanos. ¿Por qué? Porque es importante comenzar con una célula exitosa en lugar de un posible fracaso. Las tribulaciones vendrán pronto, pero las victorias iniciales a corto plazo tendrán un efecto psicológico positivo y duradero.

El diccionario define un prototipo como "un tipo, forma o instancia original que sirve de modelo en el que se basan o juzgan etapas posteriores". En la primera etapa de la transición, es importante que otros miembros puedan ver una célula exitosa que pueda ser una inspiración para que otros la sigan.

Comenzar un grupo piloto declara que el ministerio celular juvenil es mejor "vivido que enseñado". En lugar de iniciar la transición "enseñando" a los jóvenes sobre este nuevo enfoque, es mejor que primero se les permita "experimentar" el ministerio de las células juveniles. Esos primeros líderes entonces impartirán a otros lo que experimentaron en el grupo inicial.

Los errores cometidos en la etapa del prototipo se corrigen más fácilmente antes que se les permita propagarse en un grupo celular más grande. Los líderes clave forman parte del proceso desde el principio, lo que hace más probable que continúen apoyando activamente el ministerio celular juvenil. Incluso Jesús comenzó formando su propia célula prototipo. Pasó años desarrollando el modelo. No podía permitirse el fracaso. Sauder y Mohler escriben:

> Este tipo de modelo celular debe estar formado por aquellos que ya se han comprometido a ser líderes de células juveniles y por otros líderes potenciales. En este modelo claro, tu puedes entrenar y ayudar a tus líderes a ver qué es una célula y cómo funciona. El modelo debe incluir un enfoque externo con esfuerzos evangelísticos.[58]

Después de un cierto período, la célula piloto se multiplica en las primeras células juveniles. ¿Cuánto tiempo antes de que esto suceda? Yo recomendaría entre cuatro y nueve meses. Sauder y Mohler escriben,

> Tus células juveniles se asemejarán a cómo moldees la célula prototipo. Haz de la calidad de esta célula una prioridad porque se reproducirá una y otra vez. Esta clara modelización ayudará a los líderes de tu célula juvenil a no regresar a los viejos paradigmas del "estudio bíblico" o a volverse a la forma en que solían ser las cosas.[59]

Siempre es mejor comenzar nuevos grupos en por lo menos un equipo de dos participantes. Así que, si hay doce en el grupo piloto, tal vez el grupo piloto podría dar a luz a tres o cuatro nuevas células juveniles.

Si la iglesia decide hacer células intergeneracionales, el proceso de integración de los jóvenes fluirá más naturalmente dentro del sistema celular general, ya que los jóvenes simplemente formarán parte del grupo piloto intergeneracional. Si la iglesia está comenzando el ministerio celular, la primera célula intergeneracional debe ser dirigida por el pastor principal de la iglesia. Si la iglesia ya tiene grupos celulares, pero está empezando a integrar a los jóvenes en los grupos intergeneracionales, lo mejor es elegir una célula adulta sana y luego incluir a los jóvenes dentro de esa célula. Las victorias a corto plazo son importantes para alentar a otras células adultas a invitar a los jóvenes a unirse.

A medida que las células continúan multiplicándose, el liderazgo tradicional de la organización juvenil (por ejemplo, el presidente, los funcionarios electos) puede transformarse en un equipo ministerial de líderes celulares juveniles. El pastor de jóvenes o líder de jóvenes clave debe pedir a los que han multiplicado sus células que se reúnan regularmente con él para planificar, orar y supervisar al resto de la juventud.

PASO 5: AJUSTA Y PERFECCIONA

Una iglesia nunca llega a la perfección. Simplemente continúa perfeccionando lo que ya está allí. Siempre hay margen de mejora, como el ajuste de la dinámica del grupo, el equipamiento de discipulado y el perfeccionamiento del entrenamiento de los líderes de las células juveniles.

De hecho, en el momento en que una iglesia piensa que ha llegado a un punto ideal, probablemente ya ha comenzado a derrumbarse. John P. Kotter, profesor de negocios en la Universidad de Harvard, escribió un libro titulado Leading Change (Liderando el Cambio), en el que escribe que la complacencia es el enemigo del progreso. El consejo del catedrático Kotter es practicar la honestidad a nivel personal y a evitar la sensación de complacencia a toda costa.

La Iglesia de la Vid ha sobresalido en su estructura celular en parte porque ha desarrollado una estructura de entrenamiento de primera clase para todos los líderes celulares juveniles. Cada líder de célula juvenil tiene un supervisor que se reúne con el líder cada semana. Perfeccionar su estructura de entrenamiento ha tardado mucho tiempo con muchas revisiones que se están implementando a lo largo del camino.

El equipamiento de discipulado es otra área que necesita ser ajustada. Tal vez la iglesia utilice la que ya tiene, adaptándola para satisfacer las necesidades de los jóvenes. Cuidadosamente selecciona y equipa a los líderes estudiantiles. Ora para que los líderes recién iniciados entrenen a los futuros líderes a través del equipamiento de discipulado. Recuerda, el crecimiento no puede lograrse más allá de tu capacidad para producir nuevos líderes.

Otra área que necesita ser constantemente evaluada y mejorada es el reclutamiento de nuevas personas que les enseñen a los jóvenes en las reuniones más grandes y en las células. Siempre se necesitan nuevas personas que inicien nuevos grupos y reemplacen a los que se detienen. El reconocimiento de los que ministran a los jóvenes es un área que es frecuentemente pasada por alto. La mayoría de las iglesias necesitan mejorar en esta área. Y aunque el líder sabe que su recompensa está en el cielo, Dios nos dice que debemos apreciar a aquellos que trabajan entre nosotros (1 Tesalonicenses 5:12, 13).

TRANSICIONANDO COMO IGLESIA

Cuando se hace la transición a las células juveniles, es ideal si toda la iglesia hace la transición a las células al mismo tiempo. Brian Sauder y Sarah Mohler, líderes juveniles de los grupos celulares de Dove Christian Fellowship (Fraternidad Cristiana

Paloma), escribieron sobre cómo su iglesia hizo la transición de su ministerio juvenil:

> Aunque no es absolutamente necesario, en realidad es mejor si toda la iglesia está pasando a grupos celulares al mismo tiempo, no sólo el grupo de jóvenes. Será útil porque los padres también estarán recibiendo la enseñanza de la Palabra y escuchando la visión de las células al mismo tiempo que los jóvenes. Esto hará que sea más fácil para los padres entender y abrazar la visión de la participación de su adolescente en formar parte de esa nueva y fresca visión.[60]

La transición de una iglesia entera significa que el pastor principal y el equipo deben primero entender la visión. La oración y la promoción (pre-transición) son esenciales para hacer una transición exitosa.

NO ESPERES

No esperes la perfección antes de comenzar tu ministerio celular juvenil. Por supuesto, necesitas pasar el tiempo suficiente digiriendo los valores y la base bíblica detrás del ministerio celular, pero entonces es mejor empezar y perfeccionar el proceso a medida que avanzas. Se adaptará a medida que avances. Dios te dará una visión a medida que prepares a la juventud a través del ministerio celular. Él está más interesado que tú en discipular a los jóvenes para alcanzar un mundo perdido para Jesús.

Capítulo 10

Iniciando Iglesias Juveniles

Cuando Jesús vio las increíbles necesidades a su alrededor y especialmente a los que estaban desamparados y acosados y necesitaban un pastor, dijo a sus discípulos: " La cosecha es abundante, pero son pocos los obreros. Pídanle, por tanto, al Señor de la cosecha que envíe obreros a su campo"(Mateo 9: 37-38). Hemos visto cómo los jóvenes pueden dirigir las células y multiplicarlas. Pero ¿qué hay de la plantación de iglesias? Mientras viajo por el mundo, suplico apasionadamente junto con iglesias celulares más grandes escuchar el llamado de Dios para la plantación de iglesias misioneras. Pero, ¿por qué no empezar esta visión entre los jóvenes?

Mark Senter III, profesor de jóvenes en el Trinity Seminary (Seminario Trinidad) en Deerfield, Illinois, y uno de los investigadores principales en el ministerio de jóvenes en la actualidad, cree que el ministerio de jóvenes encuentra su pleno potencial cuando los jóvenes son enviados a plantar nuevas iglesias.

Escribe: "Quizás la respuesta a los problemas creados por las discontinuidades en las relaciones de discipulado radica en una nueva visión de los ministerios juveniles: los pastores de jóvenes deben convertirse en parteras espirituales y ayudar en el nacimiento de nuevas iglesias."[61] Senter describe más específicamente cómo los jóvenes estarían involucrados en la plantación de nuevas iglesias:

> El personal de jóvenes y los estudiantes evangelizados y discipulados a través del ministerio juvenil se convertirían en el núcleo de la nueva iglesia. Se animaría a las familias de los estudiantes y de los ex alumnos bajo cuidado del ministro de jóvenes a participar con sus chicos en el proyecto. Aunque la idea tiene algunas debilidades inherentes, la mayoría de ellas podrían ser minimizadas con la selección cuidadosa del ministro de jóvenes, junto con una relación de tutoría con el pastor general. El concepto requeriría un cambio de paradigma tanto por parte de la iglesia como dentro de la fraternidad del ministerio juvenil.[62]

La visión de Senter es significativa debido a su experiencia en el ministerio juvenil. Senter ha dedicado su vida a la juventud a lo largo de sus años y ha concluido que el que los jóvenes planten iglesias es el mejor escenario posible para el ministerio juvenil.

Pablo el apóstol fue el misionero plantador de iglesias más eficaz del primer siglo. Plantó iglesias simples y reproducibles y siguió adelante para difundir el evangelio. Podía decir: "Así que, habiendo comenzado en Jerusalén, he completado la proclamación del evangelio de Cristo por todas partes, hasta la región de Iliria" (Romanos 15:19). Antes del año 47 d.C. no había iglesias en estas provincias. En el año 57 d.C., Pablo habló de su obra cumplida.

En el movimiento de la iglesia celular en todo el mundo, hay un renovado interés en plantar iglesias celulares más pequeñas y más reproducibles. Muy pocas iglesias celulares crecen a un tamaño de mega iglesia. La mayoría son ágiles y simples. Los mejores plantadores de iglesias son aquellos que han multiplicado los grupos celulares y han supervisado a los nuevos líderes. Poseen la experiencia vital y necesaria para plantar una iglesia.

> Para comprender mejor la plantación de iglesias, ver el libro de Joel Comiskey *Planting Churches that Reproduce (Plantando Iglesias que se Reproducen)* (2008).

Jimmy Seibert vio un fruto maravilloso con células dirigidas por los estudiantes en Waco, Texas, en el campus de Baylor. Dios creó un movimiento juvenil en un campus de unos 600 estudiantes en sesenta células juveniles. Eventualmente se formó el movimiento de la Iglesia Comunitaria Antioquía, que tiene el edificio principal de la iglesia cerca del campus de Baylor en Waco, Texas. Seibert escribe:

> Nuestra meta en el ministerio de la universidad es ver a los estudiantes ser transformados por el poder de Jesucristo, llevados a pertenecer al cuerpo de Cristo y liberados para cumplir sus maravillosos propósitos en el mundo. Para lograr este fin hemos llegado a una fórmula muy simple y eficaz. Es: Grupos celulares + oración = misiones mundiales.[63]

Las iglesias plantadas por la Iglesia Comunitaria Antioquía en todo el mundo a menudo comienzan sus iglesias cerca de los campus universitarios porque el enfoque es levantar una nueva generación para Jesús que esté dispuesta a llegar a su mundo y plantar nuevas iglesias. Seibert escribe: "La visión y propósito de las células es ganar almas para el Reino de Dios, así como pastorearse unas a otras. Aunque algunas reuniones celulares se centran más en el evangelismo o en la edificación, cada reunión celular debe abarcar una visión para ambos."[64]

En 2003, la Iglesia Comunitaria Antioquía en Waco, Texas, plantó la All People's Church (Iglesia de Todos los Pueblos), en San Diego, California, con la visión de llegar a los jóvenes y promover misiones. El pastor y fundador principal, Robert Herber, se mudó de Waco, Texas con un equipo de personas y entre ese grupo estaba Joel Sanders, quien ahora es el pastor de jóvenes. La All People´s Church se ha convertido en una iglesia de más de 1,300 miembros, pero no han olvidado sus raíces de plantación de iglesias. La All People's Church celebra anualmente conferencias sobre plantación de iglesias y de misiones y ha plantado iglesias en Tailandia y México y tiene planes de plantar iglesias en Sudáfrica y Moldavia en 2017.

El movimiento de la Antioch Community Church (Iglesia Comunitaria Antioquía) (ACC por sus siglas en inglés) nunca se ha contentado con ser una iglesia cada vez más grande. Sin embargo, a medida que la iglesia central se entrega a sí misma, ésta ha seguido creciendo a lo largo de los años. Al igual que la Iglesia del Nuevo Testamento, Dios los ha llamado a convertirse en un movimiento de plantación de iglesias. Algunos de estos pastores de multiplicación plantarán iglesias cerca. Otros se convertirán en misioneros interculturales para plantar iglesias celulares en tierras lejanas.

La Dove Christian Fellowship (Fraternidad Cristiana Paloma o DCG) es otro movimiento de plantación de iglesias en todo el mundo que nació de la juventud que alcanzaba a los jóvenes en el ministerio celular. La plantación de iglesias está en el corazón de Dove, y a partir de 2016 había 388 iglesias Dove en 20 naciones y cinco continentes. Dove anima a los jóvenes a plantar iglesias celulares simples y reproducibles y redes de iglesias en las casas.

En 2011, di un seminario de plantación de iglesias en la Iglesia de la Vid en Goiana, Brasil. José, un joven, me dijo que comenzó su travesía en una célula de niños, pero ahora estaba plantando iglesias enfocadas en los jóvenes. Simplemente continuó multiplicando líderes y la Vid lo entrenó durante cada etapa del proceso. La Iglesia de la Vid, de hecho, alienta a todos a considerar convertirse en un plantador de iglesias. Tener carácter y llevar fruto son características clave, pero el ministerio celular es la educación o la preparación perfecta para aquellos que quieren continuar el proceso de hacer discípulos a través de la plantación de iglesias.

El Pastor Valter en la Cuadrangular Belem está animando a los jóvenes a considerar la plantación de iglesias. Él y su equipo de liderazgo se están convirtiendo en una iglesia que envía a sus miembros a plantar iglesias celulares en todo el país y el mundo. El pastor principal, Josué, está constantemente hablando de abrir nuevas iglesias y los jóvenes son una parte clave de esto. A los jóvenes les encanta el reto y el pastor Valter les infunde la visión de enviar grupos celulares juveniles para plantar nuevas iglesias en todo el mundo.

Asia es otro lugar donde los jóvenes son desafiados a plantar iglesias. Ben Wong, fundador de la Grace Church (Iglesia de la Gracia) en Hong Kong, ha dedicado su vida a plantar iglesias celulares reproducibles en todo el mundo. Los jóvenes son la piedra angular para hacer esto posible. Ben no se contentaba con hacer crecer cada vez más a su propia iglesia. Desarrolló una red de recursos compartidos llamada The Cell Church Missions Network (La Red de Misiones de la Iglesia Celular o CCMN por sus siglas en inglés), que se ocupa principalmente de movilizar a las personas de la iglesia celular para cumplir con la Gran Comisión.

La CCMN alberga una red de misiones de iglesias celulares de jóvenes durante el mismo período de tiempo cada año para desafiar a los jóvenes a plantar iglesias. Creen que los que han dirigido y multiplicado un grupo celular son los mejores misioneros para penetrar en las culturas no alcanzadas porque ya han experimentado un ministerio fructífero en su propia cultura. La CCMN envió alrededor de 175 misioneros entre 1997 y el presente año y celebró más de cien conferencias de misiones. Los misioneros de la CCMN se encuentran en trece lugares, entre ellos, Macao, China, Japón, Tailandia, Bangladesh, India, Camboya, Indonesia, las Filipinas, Pakistán, Turquía, África del Norte y el Oriente Medio.[65]

No tengo ninguna duda de que los jóvenes que plantan iglesias juveniles se convertirán en una fuerza significativa en la Iglesia del siglo XXI. Los jóvenes desean cambiar al mundo y tener la visión de Dios para cumplir ese sueño. Las iglesias plantadas necesitan nuevas personas, nuevas ideas, y una nueva visión si van a salir de la oscuridad a la luz del sol. Los jóvenes tienen lo que se necesita para que esto suceda.

Las iglesias establecidas tienden a estar más preocupadas por el mantenimiento del edificio, la personalidad del nuevo predicador, quién está en la directiva, y la programación para el próximo año. La plantación de iglesias requiere visión y esfuerzo. Las iglesias plantadas están completamente despojadas de todas las ilusiones. El proceso es hacer o morir. Alcanzar a los perdidos o cerrar las puertas. Invitar o cerrarse por completo. Los plantadores de iglesias están desesperados por el crecimiento. Sin crecimiento, la iglesia se estanca. Esta realidad mantiene a los plantadores de iglesias de rodillas, clamando a Dios.

A menos que las iglesias se organicen alrededor del evangelismo, nadie se presentará. Después de todo, la mayoría de los cristianos prefiere adorar en una iglesia de servicio completo donde sus necesidades son satisfechas. Pocos cristianos modernos con familias están dispuestos a unirse a una nueva iglesia donde los ministerios programados no existen. Christian Schwarz en Natural Church Development (Desarrollo Natural de la Iglesia) revela que las iglesias plantadas son más eficaces en cada área (llevar a las personas a convertirse en seguidores de Cristo, bautizar a los miembros y atender las necesidades). Él escribe:

Si en lugar de una sola iglesia con 2,856 miembros en la adoración tuviéramos 56 iglesias, cada una con 51 adoradores, estas iglesias, estadísticamente ganarían 1,792 personas nuevas dentro de cinco años, 16 veces el número que la mega-iglesia ganaría. Así podemos concluir que la efectividad evangelística de las mini-iglesias es estadísticamente 1,600 por ciento mayor que la de las mega-iglesias.[66]

Luchar por fundar una iglesia hace maravillas para los jóvenes plantadores de iglesias. Ellos se preparan y afilan en el crisol de la plantación de iglesias.

Ya sea en la plantación de iglesias o en la transición, los que ministran a los jóvenes están a la vanguardia del ministerio. Ellos son los que preparan a la próxima generación, y necesitan mantenerse sanos y conectados a la Vid, Jesucristo. El siguiente capítulo destaca algunas verdades fundamentales para mantenerse sanos a largo plazo.

Capítulo 11

Las Necesidades Básicas de los Líderes Juveniles

Pablo encargó a su mentor cuidadosamente escogido, Timoteo, para dirigir la famosa iglesia de Éfeso. Pero en el tiempo del libro de Apocalipsis (aproximadamente 90 d.C.), esta iglesia que en un momento había sido grandiosa, había olvidado en gran medida a Jesús en su preocupación por estar activos. Estaban más preocupados por hacer que por ser. Sus buenas obras eran numerosas, pero Jesús tuvo que en su gracia recordarles algo mucho más importante de lo que podían ofrecer. Necesitaban volver a su primer amor (Apocalipsis 2).

Hacer antes de ser es un problema común y una trampa en la que cualquiera puede caer. La amiga de Cristo, Marta, tuvo que aprender esta lección. Ella le rogó a Jesús que ordenara a su hermana María ayudar con el arduo trabajo. Jesús se volvió hacia ella y le dijo: "Marta, Marta, estás inquieta y preocupada por muchas cosas, pero sólo una es necesaria. María ha escogido la mejor, y nadie se la quitará" (Lucas:38-42).

Mientras que este capítulo se escribió principalmente para los
que supervisan el ministerio juvenil (por ejemplo, pastores y
supervisores), los siguientes principios se aplican igualmente a
los líderes celulares, los líderes de equipo y a los que se ofrecen
como voluntarios para alcanzar a los jóvenes de hoy. Aquellos
que ministran a los jóvenes primero necesitan buscar a Jesús
y asegurarse de que están frescos y en sintonía con Dios. Jon
Ireland, quien trabaja con jóvenes, confiesa su propia frialdad
en el ministerio juvenil:

> Últimamente mi pasión por el ministerio había dismi-
> nuido. Mi amor por los estudiantes se había perdido en
> algún punto del camino. Me había frustrado cada vez
> más por la falta de crecimiento espiritual de nuestros
> estudiantes, así como por la falta de compromiso de
> nuestros voluntarios. Yo estaba trabajando más duro
> que nunca, pero me sentía menos apreciado que nunca.
> Además de todo esto, en secreto sentía que valía mucho
> más dinero de lo que me estaban pagando. . . Cristo
> había misteriosa y trágicamente desaparecido de mi
> vida y mi ministerio. La dependencia de Jesús se había
> desvanecido en alguna parte del camino. Servir a Dios
> había reemplazado buscar a Dios. La ejecución de un
> programa había sustituido representar a la "Persona."[67]

Aprecio la honestidad de Ireland porque ejecutar un programa,
en lugar de ministrar de la abundancia de la vida de Cristo,
puede sucederle a cualquiera. Ya hemos visto cómo la iglesia
de Éfeso cayó en la rutina de las buenas obras, eventualmente
volviéndose seca y estéril.

PRIORIZA EL TIEMPO PERSONAL CON DIOS

Tener un tiempo a solas con Dios a diario ayuda al líder de jóvenes a conocer a Dios, a alimentarse de su Palabra, y a ser fortalecido por su Espíritu. En este tiempo a solas, un ministro de jóvenes cargado adora al Rey de reyes, escucha su voz, y recibe dirección diaria. Mike Yaconelli, un pastor de jóvenes experimentado, dice: "Parece escandaloso y egoísta sugerir que tu tiempo a solas con Jesús es más importante que el tiempo a solas con los estudiantes, pero si somos responsables de nuestras propias almas primero, el tiempo con Dios es importante."[68]

Priorizar a Jesús diariamente ayudará al líder de jóvenes a acostumbrarse a su voz. Esa misma voz dará a los líderes consejo mientras ministran a otros. A medida que el líder le confiese y rinda su debilidad a Jesús, surgirá un nuevo poder y guía para ministrar a otros. Romanos 15:13 dice: "Que el Dios de la esperanza los llene de toda alegría y paz a ustedes que creen en él, para que rebosen de esperanza por el poder del Espíritu Santo." Los que trabajan con jóvenes necesitan el gozo y la paz de Dios para ser eficientes con los demás.

Estoy convencido de que el tiempo a solas con Dios es la disciplina espiritual más importante en la vida cristiana. Doug Fields en su libro, The Purpose Driven Youth Ministry (Ministerio Juvenil con Propósito), habla de cómo fue quebrantado personalmente a través del ministerio juvenil y aprendió a depender de Dios a través de los fracasos.[69] Él escribe:

> En lugar de tratar de complacer a los demás, he aprendido a vivir mi vida para una audiencia de Uno. Hacer la obra de Dios no es tan importante como ser la persona de Dios. Dado que tiendo a tratar de complacer a las personas, necesito un recordatorio continuo de que

Dios está más preocupado por mi salud espiritual que por la popularidad de mi ministerio juvenil.[70]

El tiempo personal con Dios proporciona al que trabaja con jóvenes un chequeo diario y un tiempo para expresar preocupaciones al Creador. Es donde aquellos que ministran a otros reciben gozo y paz los cuales desbordarán a otros. Es la oportunidad de hablar directamente con Aquel que ama profundamente y cuida y escoge a sus hijos antes de la creación del universo.

SANTIDAD

Un estudio de 2016 de pastores y pastores de jóvenes comisionados por el ministerio de Josh McDowell reveló que muchos pastores luchan con la pornografía. El estudio incluyó a 432 pastores y 338 pastores de jóvenes y mostró que "la mayoría de pastores (57%) y pastores de jóvenes (64%) admiten que han luchado con la pornografía, ya sea actualmente o en el pasado". Pero el hallazgo más sorprendente fue que, "en general, el 21 por ciento de los pastores de jóvenes y el 14 por ciento de los pastores admiten que actualmente luchan con el uso de la pornografía."[71]

La tentación sexual es un problema común entre los que trabajan con jóvenes. El pecado sexual sucede tan repentinamente, pero en realidad no es repentino en absoluto. Sucede con el tiempo. Es el pequeño descuido de integridad, la rápida mirada de reojo a la pornografía o el mensaje de texto con insinuaciones sexuales que nunca debió ser enviado. El viejo dicho es verdadero: "Siembra un pensamiento, cosecha una acción, siembra una acción, cosecha un hábito, siembra un hábito, cosecha un carácter, siembra un carácter, cosecha un destino".

D.L. Moody una vez comentó: "Tu carácter es lo que eres en la oscuridad". Dios trabaja en el carácter del líder porque sabe que el carácter finalmente determinará la efectividad a largo plazo. La mayoría de los requisitos del Nuevo Testamento, de hecho, involucran carácter. Virtudes como la honestidad, la fidelidad y el buen juicio son sinónimo del liderazgo del Nuevo Testamento. Ninguna cantidad de talento puede reemplazar estas características. Las cualidades de los malos caracteres se mostrarán en última instancia, mientras que las buenas brillarán a largo plazo. El arrepentimiento, la oración y el rendirles cuentas a otros ayudan a los que trabajan con jóvenes a evitar los pecados sexuales.

DESCANSA

Me gusta hacer que las cosas se lleven a cabo. Así es como Dios me hizo. Sin embargo, hace varios años, cuando estaba planeando cómo podía hacer más, el Señor me hizo sentir que debía dejar de "hacer". Dios me recordó que yo era más importante para él que lo que yo lograba. Él quería que descansara.

Dios hizo que el cuerpo humano funcionara eficazmente por sólo seis días a la semana, no siete. Génesis 2: 2-3 dice: "Al llegar el séptimo día, Dios descansó porque había terminado la obra que había emprendido. Dios bendijo el séptimo día, y lo santificó, porque en ese día descansó de toda su obra creadora."

La verdad de Dios sobre el descanso se aplica a todos, incluyendo a los jóvenes. Cuando el líder de jóvenes ejemplifica tomar un día libre por semana; él modela lo que quiere que otros sigan. Descansar un día por semana también hará que el líder de jóvenes sea más efectivo porque tendrá más para dar el resto de la semana.

Hablé con un pastor que se negaba a tomar un día libre porque insistía en que aquellos a quienes estaba aconsejando le necesitaban demasiado. Sentía que sería pecaminoso descuidar a las personas disfuncionales que lo necesitaban. No podía imaginarse pensar egoístamente en sí mismo y no estar disponible 24/7 para aquellos que necesitaban su consejo. Pero no vas a ayudarlos—le dije, —si estás agotado y exhausto. No aceptó mi consejo. Escuché la triste verdad de que murió dos años después de nuestra conversación. No tengo ni idea de por qué ni cómo murió. Sé que estaba exhausto cuando hablé con él y que se negó a considerar descansar un día por semana.

No creo que tengamos que descansar en un día determinado (por ejemplo, el sábado o el domingo). Los ministros de jóvenes a menudo tienen sus horarios más ocupados el sábado o los domingos, por lo que es mejor elegir otro día. Independientemente del día, el objetivo es descansar plenamente, abstenerse de trabajar.

El día de descanso de 24 horas no debe tener muchas normas y regulaciones (por ejemplo, no puedes hacer esto, no puedes hacer aquello, etc.). Tú tendrás que realizar algún trabajo, como lavar los platos y sacar la basura. Pero en la medida de lo posible, trata de evitar el trabajo regular relacionado con el trabajo que realizas los otros seis días de la semana. Levítico 23: 7-8 dice: "El primer día celebrarán una fiesta solemne en su honor; ese día no harán ningún trabajo. Durante siete días presentarán al Señor ofrendas por fuego, y el séptimo día celebrarán una fiesta solemne en su honor; ese día no harán ningún trabajo".

En tu día libre debes dejar de hacer las cosas que son parte de tu carga de trabajo normal. Date un respiro y haz sólo aquellas cosas que te ayuden a relajarte y sentirte refrescado.

En mi día libre, por ejemplo, trato de evitar cualquier cosa que implica trabajo normal. Sólo leo libros que no están relacionados con el trabajo. No reviso mi correo electrónico en mi día libre, y mi esposa y yo no contestamos nuestro teléfono de negocios. Mi esposa y yo hemos acordado no hablar de temas estresantes relacionados con el trabajo entre nosotros en nuestro día libre. Quiero descansar mi mente, no comprometerme con los problemas y tensiones de los otros seis días. Duermo mucho, doy paseos, y disfruto de mi familia, la comida, y cualquier otra cosa que sea relajante.

MATRIMONIO SALUDABLE

Aquellos que dirigen a los jóvenes deben mantener un matrimonio saludable si van a mantener un ministerio saludable. Karen Hutchcraft, veterana del ministerio juvenil con su esposo Ron, escribe,

> Una de las principales lecciones que aprendí al inicio de nuestra asociación de personas que trabajan con jóvenes es que un ministerio eficaz es un subproducto de un matrimonio seguro. Los que trabajan con jóvenes son a menudo subestimados y criticados. Están rodeados con expectativas imposibles. Todo eso puede ser bastante duro con el ego. Cuando un líder de jóvenes entra en su casa, no necesita otro campo de batalla donde tiene que defender o promover algo. Lo que necesita en casa es un santuario seguro.[72]

El siguiente artículo apareció en una de las primeras ediciones de The Wittenburg Door (La Puerta Wittenburg). Es un recordatorio escalofriante para los ministros de jóvenes a dar prioridad a los más cercanos a ellos.

> Mi esposo es un ministro de jóvenes de tiempo completo. Él es muy dedicado y pasa entre 50 y 70 horas a la semana con los jóvenes.

> Creo que la razón por la que tiene tanto éxito con los chicos es que siempre está disponible para ellos, siempre dispuestos a ayudar cuando lo necesitan.

Esa puede ser la razón por la que la asistencia se ha
más que duplicado en el último año. Realmente sabe
hablar su idioma. El año pasado, él estaría fuera dos y
tres noches a la semana hablando con los chicos hasta la
medianoche. Siempre los lleva a campamentos y viajes
de esquí y a campamentos nocturnos. Si no está con los
niños, está pensando en ellos y preparándose para su
próximo encuentro con ellos.

Y, si tiene tiempo después de eso, está hablando o asistiendo a una conferencia donde puede compartir con
otros lo que Dios está haciendo a través de él. Cuando
se trata de trabajo juvenil, mi esposo siempre ha estado
al 100 por ciento.

Supongo que por eso lo dejé.

No queda mucho después del 100 por ciento.

Francamente, no podía competir con "Dios". Digo
eso porque mi esposo siempre tenía una forma de
recordarme que ésta era la obra de Dios, y que él debía
ministrar dónde y cuándo Dios lo llamara. Los jóvenes
necesitaban ayuda desesperadamente, y Dios lo había
llamado para ayudarlos. Cuando un joven lo necesitaba,
tenía que responder o defraudaría a Dios y al joven.

Cuando le pedía a mi esposo que pasara tiempo con los
niños o conmigo, siempre era tentativo, y si me ponía
insistente, estaba "molestando", "tratando de sacarlo
del trabajo de Dios", "comportándome egoístamente,"
o estaba "revelando un problema espiritual."

Honestamente, nunca quise otra cosa sino la voluntad
de Dios para mi esposo, pero nunca pude hacer que

considerara que tal vez su familia fuera parte de esa voluntad.

No importaba cuántas discusiones tuviéramos acerca de su agenda, él siempre terminaba con "de acuerdo, saldré del ministerio si eso es lo que quieres". Por supuesto, yo no quería eso, así que continuábamos como siempre hasta otra discusión.

Sólo se puede pedir tanto tiempo. Hay un límite de cuánto tiempo puedes ser ignorada y pospuesta. Amenazas con irte sin decirlo en serio hasta que cumples la amenaza. Consideras todas las consecuencias desagradables hasta que ya no parecen desagradables. Decides que nada podría ser más desagradable que estar sola y sentirte inútil.

Finalmente, decides que eres una persona con un valor real como individuo. Afirmas tu ego y vuelves a ser mujer.

Es lo que hice.

Quería ser más que una ama de llaves, cambiadora de pañales y compañera sexual.

Quería ser libre de la profunda amargura y culpa que lentamente carcomía mi cordura espiritual y psicológica.

En el fondo había algo que me hacía disgustar no sólo a mi marido, sino a todo lo que él hacía o tocaba.

Su "te amo" se volvió insignificante para mí porque él no actuaba como si me amara. Sus obsequios eran evidencia de su culpa ya que él no pasaba más tiempo conmigo. Sus avances sexuales se encontraban con una frialdad que nos frustraba a ambos y profundizaba la brecha entre nosotros.

Lo único que quería era sentirme como si él realmente quisiera estar conmigo. Pero, sin importar cuanto tratara, siempre sentía que lo mantenía alejado de algo. Tenía una manera de hacerme sentir culpable porque lo había obligado a pasar su valioso tiempo con los niños y conmigo.

Me gustaría que tan sólo una vez hubiera cancelado algo para nosotros en vez de cancelar algo con nosotros.

No tienes que creer esto, pero realmente lo amé a él y a su ministerio en un momento. Nunca quise que trabajara de ocho a cinco. Tampoco esperaba que estuviera en casa todas las noches. Traté de creer todas las promesas que me hizo, sinceramente esperaba que las cosas cambiaran, pero nunca lo hicieron.

De repente me desperté un día y me di cuenta de que me había convertido en una persona terriblemente amargada. No sólo resentía a mi marido y a su trabajo, sino que comencé a odiarme. En la desesperación por salvarme a mí misma, a nuestros hijos, y supongo, incluso a mi esposo y a su ministerio, lo dejé.

No creo que realmente creyera que lo dejaría. Supongo que nunca creí que lo dejaría. Pero lo hice.[73]

Un líder de jóvenes debe asegurarse de que su cónyuge es la prioridad número uno y su mejor amigo. Esto significa orar juntos regularmente y no guardar secretos el uno del otro. Cuando el líder de jóvenes tropieza en cualquier área de la vida, el cónyuge debe ser el primero en saber. Tal responsabilidad protege al líder de jóvenes y lo hace más efectivo en el ministerio juvenil.

PRIORIZANDO LA FAMILIA

Los ministros de jóvenes no pueden estar disponibles para todos. Necesitan poner límites alrededor de lo que pueden y no pueden hacer. Los estudiantes esperarán. La prioridad más importante es el cónyuge y la familia. Una de las razones por las que los ministros de jóvenes no se quedan mucho tiempo en una iglesia es debido a horarios locos que destruyen la vida familiar. Duffy Robbins escribe:

> La vida familiar no es tan fácil como el ministerio juvenil. Para ser franco, es mucho más fácil ser un buen líder de jóvenes que ser un buen padre y un buen esposo o una buena madre y esposa. Puedo darles a los chicos del grupo de jóvenes todo tipo de consejos sobre todo tipo de temas, pero cuando la situación se vuelve complicada, tengo la opción de alejarme del problema. Puedo alegar que la situación ha crecido más allá de mi experiencia o responsabilidad. No es así con mi familia. Siempre es más fácil trabajar con los problemas de otras personas que con los míos. Es algo así como la vieja máxima: La cirugía menor es cuando operan en ti; la cirugía mayor es cuando operan en mí.[74]

Mientras viajo por el mundo, a menudo me encuentro con pastores que están lamentando que uno o más jóvenes ya no están siguiendo a Jesús. Me duelo con y por estos pastores. También me regocijo al oír hablar de los jóvenes que han regresado a Jesús debido a la disposición de los padres a cambiar. Hablé con un misionero que me dijo que su padre, un ministro internacional, detuvo su ministerio durante un año para pasar tiempo con él durante sus años problemáticos. Admiro el compromiso de este padre de poner el bienestar de su hijo por encima de su propio éxito ministerial. Lamentablemente, muchos han priorizado su propio éxito en el ministerio por encima de sus hijos y sufren más tarde cuando sus hijos se alejan de Jesús.

El tiempo a solas con Dios en familia es el mejor momento para que los padres críen a sus hijos en los caminos de Dios y los preparen para la vida con Cristo. Creo firmemente que la devoción familiar debe ser una prioridad diaria cuando los niños son jóvenes. Sin embargo, criar a niños piadosos y sanos no se trata sólo del tiempo devocional compartido. También se trata de la amistad, diversión y actividad espontánea. Platón escribió una vez: "Puedes aprender más sobre un hombre en una hora de juego que en un año de conversación."[75]

Los niños se sienten cuidados y amados cuando el marido y la esposa viven en armonía. Una relación íntima entre marido y mujer es la mitad de la batalla cuando se trata de la crianza de los hijos. La relación de marido y mujer es el pegamento que hace que las otras relaciones funcionen. Lo mejor que un padre puede hacer por sus hijos es amar a su esposa y por el otro lado que la esposa respete a su esposo.

CONECTADO A LA VID

La vida de Cristo oculta en tu interior dará fruto en el ministerio juvenil. Jesús se llamó a sí mismo la vid y les dijo a sus seguidores que permanecieran en él para producir fruto (Juan 15). Mientras que la cercanía espiritual con Jesús es la prioridad número uno, el círculo familiar interno, la esposa y los hijos, son un segundo cercano. Más importante que el fruto del ministerio juvenil es el éxito del cónyuge y la familia.

Un fuerte ministerio juvenil fluye de un matrimonio y una familia saludables. De hecho, usualmente son las presiones carnales las que producen que los líderes juveniles piensen que deben abandonar las disciplinas más importantes para "hacer" el trabajo del ministerio. Esto simplemente no es cierto. La buena noticia es que el pensamiento equivocado siempre puede ser corregido y los errores cometidos en el ministerio juvenil siempre pueden ser arreglados. Proverbios 24:16 dice: "porque siete veces podrá caer el justo, pero otras tantas se levantará; los malvados, en cambio, se hundirán en la desgracia."

Capítulo 12

Errores en el Ministerio Celular Juvenil

Cuando Thomas Edison inventó el bombillo, probó más de 2,000 experimentos antes de que lo hiciera funcionar. Un joven reportero le preguntó cómo se sentía al fallar tantas veces. Él respondió: "Nunca fracasé una vez, sino que fue un proceso de 2,000 pasos". Cuando la gente intenta algo nuevo, rara vez les funciona a la primera o incluso la segunda vez, y a menudo se cometen errores después de tres o cuatro intentos. De hecho, los seres humanos crecen y maduran a través de la prueba y el error.

Pensamos en Pedro como el gran apóstol y líder de la iglesia primitiva, pero nos olvidamos de cómo llegó a ese lugar. Una razón clave es que estaba dispuesto a salir del barco y probar. Sí, fracasó. Se hundió. Pero al menos lo intentó. Había once fracasos mayores sentados en el bote. El peor fracaso no es hundirse, sino fracasar en salir del barco. Todos cometemos errores

(Santiago 3: 2). La clave del éxito es aprender de los errores y no permitir que el desaliento de los errores tome el control.

Al leer este capítulo, usted podría identificarse con algunos de los errores cometidos en el ministerio juvenil. Lo más importante es aprender de los errores. Como más de una persona ha dicho, "Tenemos que aprender a fallar hacia adelante".

CONFLICTOS CON EL PASTOR PRINCIPAL

Aunque el ministerio de equipo es la norma del Nuevo Testamento, una persona tiene que ser responsable de tomar la decisión final. En la iglesia local, esta persona es el pastor principal. Sí, siempre existe la posibilidad de que el pastor de jóvenes plante una nueva iglesia y asuma el papel de pastor principal, pero hasta que eso suceda, el pastor de jóvenes debe ser totalmente de apoyo y aliento a la visión del pastor principal.

El pastor principal tiene muchas preocupaciones y cargas. No es el deber del que trabaja con los jóvenes sumar a esas preocupaciones. El pastor principal ha adoptado al que trabaja con los jóvenes como parte de su equipo y esa inversión no debe ser gravosa.

Los que trabajan con jóvenes pueden vacilar cuando esperan demasiada atención, más dinero o comienzan a chismorrear sobre los "problemas en la iglesia". Al exigir atención y quejarse por la falta de ella, el líder de jóvenes está abriendo la puerta a una salida rápida.

Los pastores de jóvenes pueden y deben compartir de manera transparente con el pastor principal. Esto significa estar abierto a hablar sobre dificultades y luchas. Pero llega un punto en el que el pastor de jóvenes se convierte en un desagüe y un peso. Los que trabajan con jóvenes no deben llevarle todos los problemas al pastor principal, sino que deben ser lo suficientemente maduros para tratar con la mayoría de problemas por sí mismos, dejando los principales temas de ayuda al pastor principal.

Ayuda que el pastor de jóvenes pueda desarrollar su propio equipo para ayudar a llevar la carga del ministerio de jóvenes— como Moisés y los setenta ancianos que ayudaron a llevar su carga (Números 11:25). Doug Fields aconseja, "Sé estratégico cuando le pidas a tu pastor general persuadir a otros acerca de asuntos o necesidades del ministerio juvenil".[76]

Los que trabajan con jóvenes necesitan ser estimulantes. "Buen trabajo, pastor, buen mensaje". El estímulo es el oxígeno para el alma y los pastores principales necesitan mucho de él. Los que trabajan con jóvenes que son positivos y optimistas pueden evitar muchos problemas y obstáculos.

Evita chismorrear o hablar mal del pastor principal y niégate a involucrarte con otros jóvenes que están chismorreando. Algunos jóvenes podrían acercarse al líder de jóvenes diciendo: "¿Por qué el pastor no es más relevante en sus sermones? Es tan aburrido, no quiero asistir a la predicación del domingo". El que trabaja con los jóvenes necesita desviar toda esa crítica, diciéndole a la persona que tal conversación es bíblicamente inapropiada y sugerir que la persona comparta sus preocupaciones personales directamente con el pastor principal.

Cuando un conflicto irreconciliable ocurre, es esencial que el que trabaja con los jóvenes siga el consejo de Cristo expuesto en Mateo 18: 15-17 y vaya directamente al pastor principal con esos conflictos.

La gratitud en todo y una vida de oración diligente son muy necesarios en el ministerio juvenil. El versículo de Filipenses 4: 6 debería colgar de la pared de cada líder de jóvenes,

"No se inquieten por nada; más bien, en toda ocasión, con oración y ruego, presenten sus peticiones a Dios y denle gracias".

ESTAR DEMASIADO PREOCUPADO RESPECTO AL TAMAÑO

Cuando mis hijos eran adolescentes, les gustaba ir a conciertos cristianos, con bandas cristianas contemporáneas. Una vez fuimos a un evento llamado Spirit West Coast, una reunión de tres días de varias bandas. Día tras día, nos reuníamos con miles de otras personas para escuchar a artistas famosos tocar su música. Hay algo eléctrico en una gran multitud, en un encuentro de mucha gente en un solo lugar.

Jesús atrajo multitudes, pero él estaba buscando compromisos personales a largo plazo (Mateo 23:37), no un alivio temporal debido a los milagros que realizaba. A menos que la multitud abrace las verdades bíblicas básicas, el verdadero discipulado rara vez sucede. La realidad es que no hay correlación directa entre el tamaño de la multitud y si los que están en la multitud se están convirtiendo en discípulos de Jesús.

Jesús ministró a la multitud, pero se concentró en su pequeño grupo de discípulos. Michael Wilkins dedicó su vida a comprender el significado del discipulado. Su libro de texto principal sobre el discipulado, Following the Master (Siguiendo al Maestro), es el más exhaustivo sobre el tema. Él escribe: "El objetivo del ministerio de Jesús entre la multitud fue hacer discípulos. Cuando enseñaba y predicaba, la señal de fe era cuando uno salía de la multitud y llamaba a Jesús 'Señor' (Mateo 8:18-21)".[77]

A menudo, los ministerios de jóvenes se empeñan en maximizar las experiencias al estilo Disney. Todo necesita estar perfectamente sincronizado para asegurar que la gente regrese. La planificación grita en voz alta que hay un objetivo en mente: atraer y mantener a los jóvenes en el servicio juvenil. David

Kinnaman y Aly Hawkins en su libro innovador, You Lost Me (Perdiste Mi Atención), dan una amplia variedad de razones por las que los jóvenes están dejando la iglesia hoy. Una de las razones es estar demasiado apegado a los números. Escriben:

> Una cuarta práctica que contribuye a la fe vacía es el hecho de que muchos de nuestros ministerios juveniles se fijan en el número de asistentes en lugar de medir el crecimiento espiritual y la transformación. . . Algunos grupos grandes de jóvenes realmente dañan a las almas jóvenes adoptando el enfoque de "fábrica" para el desarrollo de la fe.[78]

Muchas iglesias esperan que el pastor de jóvenes proporcione una agenda ocupada llena de acontecimientos para mantener a la juventud regresando cada semana. Después de todo, la iglesia a la vuelta de la esquina tiene un calendario lleno de eventos, retiros y programas. La tentación es sentirse presionados para mantener los números fuertes. Tristemente, muchos ministros de jóvenes o abandonan el ministerio o se les pide que se vayan porque no aumentan el tamaño del grupo juvenil. Ray Johnston escribe:

> Otra barrera es el amorío que tenemos con el tamaño del ministerio juvenil. Encuentra cualquier reunión de personas trabajando con jóvenes y la pregunta número uno es generalmente "¿cuántos tienes en tu grupo de jóvenes?". Muchos de nosotros no nos damos cuenta de que si tenemos más de un puñado de jovencitos podemos tener más de los que alguna vez podríamos preparar. Jesús pasó la mayor parte de tres años trabajando a tiempo completo con doce personas.[79]

Si el tamaño de la multitud es el objetivo, el líder de jóvenes puede fácilmente volverse a los programas en lugar de preparar discípulos. Los grandes eventos tienen su lugar, pero nunca deben ser un sustituto del discipulado intencional. El que trabaja con jóvenes debe recordar siempre que la principal motivación es cumplir con la Gran Comisión de hacer discípulos que hagan discípulos.

NO TRABAJAR CON LOS PADRES

Si los que están en el ministerio juvenil planean ministrar efectivamente a los estudiantes a largo plazo, ellos necesitan pedir humildemente a los padres que se involucren en el proceso. Después de todo, los principales ministros de jóvenes no son los trabajadores de la iglesia; son los padres. Moisés se dirige a los padres cuando dice en Deuteronomio 6: 6-7, "Grábate en el corazón estas palabras que hoy te mando. Incúlcaselas continuamente a tus hijos. Háblales de ellas cuando estés en tu casa y cuando vayas por el camino, cuando te acuestes y cuando te levantes."

Los padres tienen una ventaja en la enseñanza de sus hijos desde temprana edad a través de devocionales, la memorización de la Biblia, y especialmente de ejemplificar la vida cristiana de una manera significativa. El estudioso bíblico Patrick Miller escribe sobre Deuteronomio capítulo seis:

> El cuadro [que aquí se ofrece] es el de una familia continuamente en conversación animada sobre el significado de su experiencia con Dios y las expectativas de Dios sobre ellos. La enseñanza de los hijos por medio de la conversación acerca de "las palabras", el estudio de la instrucción de Dios y la reflexión sobre ella (véase Salmo 1: 2 y Josué 1: 8) debe continuar en la familia y en la comunidad. . . Los padres deben enseñar a sus hijos de tal manera que sus últimos pensamientos antes de

dormirse y sus primeras palabras al levantarse se refie-
ran al mandato del Señor.[80]

La investigación confirma que los padres tienen la influencia
más espiritual sobre sus hijos, y el mayor potencial de asegurar
que sus hijos permanezcan cerca de Dios. El Estudio Nacional
de la Juventud y Religión concluyó que, en términos generales,
los jóvenes terminarán siguiendo el mismo camino religioso que
sus padres.[81]

Los líderes juveniles deben darse cuenta que las pocas horas
que pasan con un joven cada semana no pueden compensar los
muchos años de educación informal acumulados por ese joven
mientras observaba a su madre y a su padre. Los padres han
pasado una vida con la persona. La realidad es que los padres
son mucho más influyentes en el desarrollo saludable de los
jóvenes que cualquier otra influencia externa. La influencia de
los compañeros, aunque es poderosa, tiene un lugar secundario
en influencia respecto al impacto de los padres.[82]

Y los padres son de gran ayuda en el ministerio juvenil, si están
dispuestos a desarrollar relaciones con los jóvenes, respetar a
los jóvenes en su proceso de desarrollo, y entrar en su mundo.

La Iglesia Cypress Creek tiene dinámicas células juveniles de
chicos de secundaria y preparatoria. Me di cuenta que los chicos
de secundaria oraban unos por otros, ministraban la Palabra de
Dios, y simplemente tenían un tiempo dinámico y divertido.
También me di cuenta que los anfitriones adultos estaban allí
para saludar a los niños e incluso jugar deportes con ellos antes
que la actividad del grupo celular comenzara. En otras palabras,
los adultos estaban comprometidos y apasionados con la visión
de la célula juvenil, dispuestos a abrir sus hogares y servir como
mentores para los jóvenes.

El compromiso de los padres en Cypress Creek no ocurrió de la noche a la mañana. Rob Campbell y el equipo pastoral lo tomaron cuidadosamente. Sin embargo, incluso en una iglesia celular, como Cypress Creek, algunos padres pueden ser nuevos y necesitar ayuda para entender por qué es importante reunirse en las células juveniles. Los que trabajan con jóvenes necesitan pedir con gracia su ayuda y participación para que el ministerio celular tenga éxito a largo plazo.

FALTA DE CONSISTENCIA

Conocimos a Blake Foster, pastor de jóvenes en la Iglesia Comunitaria de Antioquía en Waco, Texas, en un capítulo anterior. Foster descubrió que un problema enorme entre los jóvenes de hoy es la consistencia. "Lo que los jóvenes buscan hoy es consistencia", me dijo. "Con sólo que el líder se presente, los jóvenes estarán más que dispuestos a ofrecerle su aceptación ."

Los pastores juveniles tienden a ir y venir. Están listos para cambiar al mundo, pero entonces pueden irse rápidamente porque una oportunidad nueva y mejor se abre en otro lugar. Aquellos que son eficaces con los jóvenes permanecen el tiempo suficiente para conocer a los jóvenes, ganar su confianza y tener un tiempo significativo de ministerio con los mismos jóvenes. Toma tiempo para que los jóvenes desarrollen una relación significativa con el ministro de jóvenes.

No es la falsa valentía, el espectáculo, o una primera impresión. La realidad es que los jóvenes pueden ver rápidamente a través de las apariencias y la superficialidad. Ellos están buscando la realidad. Están buscando el compromiso, algo que muchos de ellos no han visto en sus propias familias.

Gran parte del problema se deriva de la inconsistencia de los adultos en general. Muchos padres simplemente se alejan y se divorcian cuando surgen problemas. La destrucción causada en los niños y jóvenes es incalculable. Cuando los adultos son inconsistentes, los jóvenes lo perciben.

No es fácil quedarse allí a largo plazo. Foster me dijo: "El ministerio juvenil es un trabajo poco atractivo; el ministerio juvenil a menudo puede ser un saco de boxeo cuando hay un problema, el ministerio juvenil es a menudo al que más fácilmente echan la culpa. Una persona nunca debe ir al ministerio juvenil para alabar al hombre".

La consistencia es más importante que la personalidad. En lugar de tratar de ser alguien más, los ministros de jóvenes fructíferos y consistentes eligen ser ellos mismos. Aquellos que ministran a los jóvenes necesitan estar dispuestos a ser transparentes y a expresar sus propias emociones. "Los adolescentes son emocionales, y están buscando adultos que sepan cómo manejar sus emociones. Negar que tenemos emociones como el miedo, la duda, la ira y la tristeza nos roba la oportunidad de construir puentes en los corazones de los adolescentes de nuestros grupos".[83] Tal vez la frase "transparencia consistente" es la mejor manera de decirlo. Ya sea tranquilo, extrovertido, intelectual o apasionado, el líder juvenil necesita ser él mismo, dispuesto a compartir de manera abierta y transparente.

NO ORAR

Pablo escribió la epístola a los Colosenses al final de su vida, y es digno de mención que una de sus últimas exhortaciones fue acerca de la oración. Él dijo, "Dedíquense a la oración: perseveren en ella con agradecimiento" (Colosenses 4:2) La palabra griega para dedicar literalmente significa asistir constantemente. Para ilustrar su punto, Pablo usa el ejemplo de Epafras que, "… está siempre luchando en oración por ustedes, para que, plenamente convencidos, se mantengan firmes, cumpliendo en todo la voluntad de Dios" (Colosenses 4:12). Epafras trabajó fervorosamente y constantemente por los creyentes en Colosas. Debemos suplicar continuamente: "Señor, ¡haznos como Epafras!". El compromiso con la oración es el arsenal que Dios ha dado a todo su cuerpo de creyentes. Y es el arma más importante que Dios ha dado a la Iglesia para ganar almas y hacer discípulos.

La realidad es que el ministerio juvenil es una guerra espiritual. Satanás y sus seguidores demoníacos preferirían que la iglesia no priorizara a los jóvenes. El enemigo de nuestras almas no quiere ver a la juventud ser formada por el Espíritu de Dios. Si la iglesia no está orando, la batalla será demasiado feroz, el diablo engañará con demasiada facilidad. No debemos olvidar la importancia de la oración. Todo es importante.

Los ministerios de jóvenes que priorizan la oración comprenden que sólo Dios puede hacer discípulos de la próxima generación. Es un mito confiar sólo en libros, técnicas, o incluso en la experiencia en el desarrollo de la juventud. Sólo Dios puede proporcionar crecimiento y protección sostenidos. El compromiso con la oración nos permite confiar en Dios mismo para sabiduría y dirección. Nos enseña a depender de él para descubrir la mejor manera de preparar a la juventud o para conseguir que los padres participen.

Sólo mediante la oración puede la iglesia romper la resistencia cultural y vivir los estilos de vida del Nuevo Testamento en comunidad unos con otros. Sólo a través de la oración y un énfasis en la espiritualidad estarán los miembros dispuestos a dedicar tiempo voluntario para preparar a la futura generación hoy.

El verdadero éxito en el ministerio juvenil proviene de Dios. Si vamos a hacer discípulos de la próxima generación, necesitamos hacerlo a través de la bendición del Dios todopoderoso sobre la congregación. Dios habló a Jeremías diciendo: "Si alguien ha de gloriarse, que se gloríe de conocerme y de comprender que yo soy el Señor, que actúo en la tierra con amor, con derecho y justicia, pues es lo que a mí me agrada" (Jeremías 9:24).

Aquellos que dirigen a los jóvenes y preparan a la siguiente generación necesitan poseer la característica esencial de la dependencia de Dios, junto con el conocimiento y la práctica diligente de la oración. Otras características de liderazgo pueden ayudar, pero la espiritualidad es el requisito principal.

Capítulo 13

Conclusión

En sus últimos años, el rey David escribió: "He sido joven y ahora soy viejo, pero nunca he visto justos en la miseria, ni que sus hijos mendiguen pan" (Salmo 37:25). David como un hombre mayor, reflexionó sobre su juventud y recordó la fidelidad de Dios.

En la introducción a este libro, escribí sobre mi propia experiencia al convertirme en discípulo de Cristo en una célula juvenil cuando tenía diecinueve años y cómo esa participación estableció un patrón para el ministerio celular y para la investigación que continúa hasta la actualidad. Al escribir este libro, cumplí sesenta años. Aunque no me siento "viejo", me doy cuenta de que no me estoy haciendo más joven, y puedo relacionarme con las palabras del salmista: "He sido joven y ahora soy viejo". El tiempo ha pasado.

La próxima generación se está preparando para tomar la antorcha de liderazgo, y nos guste o no, nosotros en la generación actual tendremos que pasarles la antorcha. ¿Pero estarán preparados? ¿Sabrán los jóvenes de hoy cómo dirigir a la iglesia del mañana? ¿O seguirán promoviendo paradigmas que no cumplen con la Gran Comisión de Cristo de hacer discípulos que hagan discípulos?

En las páginas de este libro, hemos conocido iglesias, líderes y escritores que creen que la juventud es el futuro de la iglesia y que el ministerio celular es bíblico y estratégico para formarlos para que dirijan a la próxima generación. Hemos mirado a las iglesias que están entregando efectivamente la antorcha a los jóvenes y preparándolos para hacer discípulos en la iglesia de hoy a través del ministerio celular.

Los jóvenes están llenos de sueños y metas y tienen la energía necesaria para cumplirlos. Dios los ha hecho así. Dios está levantando una nueva generación de jóvenes para cumplir la Gran Comisión, y nosotros los mayores tenemos la oportunidad de no sólo animarlos, sino también instruirles.

La iglesia que instruye a la próxima generación ganará las batallas del mañana. Las células juveniles dan a la próxima generación la oportunidad de participar en un ministerio significativo. Éstas liberan a los jóvenes a través de un ministerio desafiante que puede resultar en que los jóvenes se conviertan en la siguiente generación que plante iglesias o se conviertan en líderes de iglesias. Los grupos celulares y las iglesias celulares proporcionan el entorno y los pasos graduales necesarios para hacer discípulos que hagan discípulos. La juventud en el ministerio celular es más que números. Es más que técnicas y metodología. El involucramiento de la juventud en el ministerio celular se trata de hacer discípulos que cambiarán al mundo.

A medida que la iglesia del Siglo XXI se levante para enfrentar efectivamente los desafíos de la juventud en el ministerio de casa en casa, una nueva generación de discípulos se levantará, iglesias serán plantadas, misioneros serán enviados "y este evangelio del reino se predicará en todo el mundo como testimonio a todas las naciones," hasta el retorno de Cristo (Mateo 24:14).

Notas Finales

1. En la Antigua Grecia, los filósofos estaban rodeados por sus alumnos. Los judíos decían ser discípulos de Moisés (Juan 9:28) y los seguidores de Juan el Bautista eran conocidos como sus discípulos (Marcos 2:18; Juan 1:35).

2. No hay ningún indicador en las Escrituras de una edad específica para ningún discípulo, pero el contexto histórico da pistas. En el tiempo de Jesús, un hombre judío recibía una esposa después de la edad de 18 años. Ray VanderLaan da varios argumentos para las jóvenes edades de los discípulos aquí: https://kbonikowsky.wordpress.com/2008/08/20/jesus-disciples-a-teenage-posse/

3. Ron Hutchcraft, The Battle for a Generation (La Batalla para una Generación) (Chicago, IL: Moody Press [Imprenta Moody], 1996), p. 20.

4. Ibid., p. 20.

5. Brian Sauder y Sarah Mohler, compiladores, Youth Cells and Youth Ministry (Células Juveniles y Ministerio Juvenil) (Ephrata, PA: House to House Publications [Publicaciones de Casa en Casa], 2000), p. 56.

6. Alex y Brett Harris, Do Hard Things: A Teenage Rebe-
    llion Against Low Expectations (Haz Cosas Difíciles:
    Una Rebelión Adolescente en Contra de las Bajas Expec-
    tativas) (Colorado Springs, CO: Multnomah Books
    [Libros Multnomah], 2008), p. 12.

7. Kara Eckmann Powell, "Chapter 12: Focusing Youth
    Ministry through Community," ("Capítulo 12: Enfo-
    cando al Ministerio Juvenil a través de la Comunidad")
    en Kenda Creasy Dean, Chap Clark, Dave Rahn, edito-
    res, Starting Right: Thinking Theologically about Youth
    Ministry (Empezando Bien: Pensando Teológicamente
    sobre el Ministerio Juvenil) (Grand Rapids, MI: Zonder-
    van Publishing House [Editorial Zondervan], 2001), p.
    201.

8. E-mail personal enviado a mi cuenta el 10 de junio de
    2016.

9. George Ladd, A Theology of the New Testament (Una
    Teología del Nuevo Testamento) (Grand Rapids, MI:
    Eerdmans, 1974), p. 545.

10. Ginny Ward Holderness, Teaming Up: Shared Leader-
    ship in Youth Ministry (Haciendo Equipos: Liderazgo
    Compartido en el Ministerio Juvenil) (Louisville, KY:
    Westminster John Knox Press [Imprenta John Knox de
    Westminster], 1997), p. 38.

11. Kenda Creasy Dean, Chap Clark, Dave Rahn, editores,
    Starting Right: Thinking Theologically about Youth
    Ministry (Empezando Bien: Pensando Teológicamente
    sobre el Ministerio Juvenil) (Grand Rapids, MI: Zonder-
    van Publishing House [Editorial Zondervan], 2001), p.
    44.

12. Mark H. Senter III, When God Shows Up: A History
    of Protestant Youth Ministry in America (Cuando Dios

Aparece: Una Historia del Ministerio Juvenil Protestante en Estados Unidos) (Grand Rapids, MI: Baker Academics [Académicos Baker], 2010), p. 32.

13. Chap Clark, "Chapter 2: The Changing Face of Adolescence: A Theological View of Human Development" ("Capítulo 2: La Fase de Cambio de la Adolescencia: Una Perspectiva Teológica del Desarrollo Humano") Kenda Creasy Dean, Chap Clark, David Rahn, Starting Right: Thinking Theologically about Youth Ministry (Empezando Bien: Pensando Teológicamente sobre el Ministerio Juvenil) (Grand Rapids, MI: Zondervan Publishing House Editorial Zondervan], 2001), p. 54.

14. Steve Gerali, "Chapter 18: Seeing Clearly: Community Context," (Capítulo 18: Viendo con Claridad: el Contexto de la Comunidad) en Kenda Creasy Dean, Chap Clark, Dave Rahn, editores, Starting Right: Thinking Theologically about Youth Ministry (Empezando Bien: Pensando Teológicamente sobre el Ministerio Juvenil) (Grand Rapids, MI: Zondervan Publishing House [Editorial Zondervan], 2001), p. 288.

15. Ibid., p. 288.

16. Troy Jones, From Survival to Significance: The How Tos of Youth Ministry for the Twenty-First Century (De la Supervivencia a la Significancia: Los Procedimientos del Ministerio Juvenil del Siglo XXI) (Mukilteo, WA: WinePress Publishing [Publicaciones WinePress], 1998), pp. 23-29.

17. Robbins, Duffy (2009-08-30). This Way to Youth Ministry: Companion Guide (Por Este Camino hacia el Ministerio Juvenil: Guía de Compañía) (YS Academic) (Ubicación en Kindle 5899-5908). Zondervan/Especialidades Juveniles. Edición para Kindle.

18. Según el respetado informe de la Kaiser Family Foundation (Fundación de la Familia Kaiser) (2010): "Hoy en día, los niños de 8 a 18 años dedican un promedio de 7 horas y 38 minutos a utilizar los medios de entretenimiento durante un día típico (más de 53 horas a la semana). Pasan la mayor parte de ese tiempo "multitasking con los medios" (usando más de un medio a la vez), realmente logran acumular un equivalente a 10 horas y 45 minutos de contenido mediático en esas 7 horas y ½ ". Según el informe de Kaiser, los jóvenes están gastando el 25% de su tiempo en línea con múltiples medios de comunicación y el 31% dice que están utilizando varios medios de comunicación mientras hacen su tarea (Kaiser Family Foundation (Fundación de la Familia Kaiser), "Generación M2", citado en Dean Borgman, Foundations for Youth Ministry: Theological Engagement with Teen Life and Culture (Bases para el Ministerio Juvenil: Involucramiento Teológico con la Vida y Cultura Adolescente) (Grand Rapids, MI: Baker Academics [Académicos Baker], 2013), p. 219.

19. Citado en Duffy, Ubicación en Kindle 3991-3994.

20. George Barna, "Teens and Adults Have Little Chance of Accepting Christ as Their Savior" ("Los Adolescentes y los Adutos Tienen una Pequeña Probabilidad de Aceptar a Cristo como su Salvador"), The Barna Report (El Reportaje de Barna) (octubre-diciembre de 1999), sin datos de publicación, citado en Jim Burns y Mike Devries, Partnering with Parents in Youth Ministry (Asociándose con los Padres en el Ministerio Juvenil) (Ventura, CA: Gospel Light [Luz del Evangelio], 2003), p. 13.

21. Hutchcraft, p. 35.

22. Brian Sauder y Sarah Mohler, compiladores, Youth Cells and Youth Ministry (Células Juveniles y Ministerio

Juvenil) (Ephrata, PA: House to House Publications [Publicaciones de Casa en Casa], 2000), p. 24.

23. Christian Schwarz, Natural Church Development (Desarrollo Natural de la Iglesia) (Carol Steam, IL: ChurchSmart Resources [Recursos ChurchSmart]), p. 31.

24. Wayne Rice, Reinventing Youth Ministry [Again] (Reinventando el Ministerio Juvenil [de Nuevo]) (Downers Grove, IL: InterVarsity Press [Imprenta InterVarsity], 2010), pp. 188-189.

25. Ibid., p. 189.

26. Kinnaman, David; Hawkins, Aly (2011-10-01). You Lost Me: Why Young Christians Are Leaving Church . . . and Rethinking Faith (Perdiste mi Atención: Por qué los Jóvenes Cristianos están Abandonando la Iglesia . . . y Cuestionando su Fe) (Ubicación en Kindle 3219-3226). Baker Publishing Group [Editorial Baker]. Edición para Kindle.

27. El Espacio para Niños es cuando los niños de 4 a 12 años dejan la célula de adultos para tener su propia lección. Los niños se quedan con los adultos durante el rompehielos y la adoración, pero luego se van para recibir su enseñanza bíblica (Espacio para Niños). Los jóvenes a menudo dirigen este tiempo en las células intergeneracionales, pero en la Iglesia de la Alianza York los jóvenes normalmente permanecen en el grupo intergeneracional y actúan como participantes normales.

28. Cada semana, las diferentes zonas se reúnen por separado en la iglesia para la enseñanza de la Biblia (martes, miércoles, jueves y viernes). En cada uno de estos cuatro servicios, los jóvenes se reúnen por separado en una habitación adyacente y hay unos ochenta jóvenes en cada uno de estos servicios.

29. Daphne Kirk escribió estas palabras en cellchurchtalk (hablemos de la iglesia celular) el 1/1/2003.

30. Cita de Ralph Neighbour en cellchurchtalk (hablemos de la iglesia celular) en respuesta a los comentarios de Daphne Kirk sobre las células juveniles intergeneracionales en 2003, aunque parece que perdí el e-mail exacto por lo que no tengo la fecha en específico.

31. Philip Woolford [pkwool@iprimus.com.au] escribió a cellchurchtalk (hablemos de la iglesia celular) el jueves 2 de enero de 2003.

32. Sauder y Mohler, p. 19.

33. Ibid., p. 20

34. Ibid., p. 98.

35. Ibid., p. 19.

36. Ibid., p. 20.

37. Ibid.

38. E-mail personal el jueves 10 de marzo de 2016.

39. Resultados de la encuesta cortesía de el American Institute for Church Growth (Instituto Americano para el Crecimiento de las Iglesias) en Pasadena, California citado en Jimmy Seibert, Reaching College Students through Cells (Alcanzando a los Estudiantes Universitarios a través de las Células) (Houston, TX: Touch Publications [Publicaciones Toque], 1997), p. 37.

40. Sauder y Mohler, p. 24.

41. Doug Fields, Purpose Driven Youth Ministry: 9 Essential Foundations for Healthy Growth (Ministerio Celular con Propósito: 9 Bases Esenciales para el Crecimiento Saludable) (Grand Rapids, MI: Zondervan Publishing House [Editorial Zondervan], 1998), p. 152.

42. Accedidoelmiércoles27dejuliode2016enhttps://en.wiki-pedia.org/wiki/A_picture_is_worth_a_thousand_words

43. Ahora la Iglesia de la Vid pide a los líderes de células infantiles que tengan dieciséis años, pero en ese entonces no tenían esa regla.

44. Debido a que el movimiento de los Grupos de Doce de la Misión Carismática Internacional, dirigidos por César Castellanos, se han vuelto cada vez más impulsados por los modelos, ya no promuevo el grupo intergeneracional y no lo he hecho desde 2002.

45. César Fajardo, The Vision (La Visión), cinta de audio de una conferencia presentada en la Cuarta Convención de Multiplicación y Avivamiento, enero 1999.

46. "Tent of Meeting in Print" ("Tienda de Reunión por Escrito"), 4.

47. Mike Osborn, "The Heart behind Cells" ("El Corazón detrás de las Células") CellChurch (Iglesia Celular) Vol. 8, no.1 (invierno 1999): 26.

48. "The Teenage Solider of World War One," ("El Soldado Adolescente de la Primera Guerra Mundial") BBC maga-zine (Revista BBC), 11 de noviembre de 2014. Accedido el jueves 16 de junio de 2016 en http://www.bbc.com/news/magazine-29934965

49. "The Sixth Division" ("La Sexta División") accedido el jueves 16 de junio de 2016 en http://onesixthnet.yuku.com/topic/912/What-was-the-average-age-of-US-sol-diers-in-WWII#.V2MB2vkrKVM

50. Para aprender más acerca de los dones del Espíritu, reco-mendaría leer los pasajes clave de la Biblia en Romanos 12, 1 Corintios 12-14, Efesios 4 y 1 Pedro 4. También animaría al líder y a su equipo a leer libros sobre los dones del Espíritu (he escrito dos libros sobre los dones en el

grupo pequeño). También hay un número de pruebas de los dones espiritual disponibles, y sería una gran idea que todo el equipo tomara una de esas pruebas de los dones, aunque siento que la mejor manera de detectar los dones espirituales es a través de la observación relacional y las pruebas en el grupo.

51. Doug Fields, Your First Two Years in Youth Ministry (Tus Primeros Dos Años en el Ministerio Juvenil) (Grand Rapids, MI: Zondervan Publishing House [Editorial Zondervan], 2002), pp. 200-201.

52. Sauder y Mohler, p. 42.

53. John Ayot, Dictionary of Word Origins (Diccionario del Orígen de las Palabras), "Coach" (New York: Arcade Publishing [Publicaciones Arcade], 1990).

54. Jim Egli y Dwight Marble, Small Groups, Big Impact (Grupos Pequeños, Impacto Gigante) (Saint Charles, IL: ChurchSmart Resources [Recursos ChurchSmart], 2011), p. 60.

55. Fields, Purpose Driven Youth Ministry (Ministerio Juvenil con Propósito), p. 190.

56. "Fresh Quotes" ("Citas Frescas") Accedido el jueves 16 de junio de 2016 en http://www.thefreshquotes.com/youth-quotes/

57. Roger Thoman, "House Church Basics Pt. 7: What About Youth?" ("Principios Esenciales de las Iglesias en las Casas Parte 7: Y qué de la Juventud?") Escrito el 18 de marzo de 2004 y accedido el jueves 11 de diciembre de 2014 en http://sojourner.typepad.com/house_church_blog/2004/03/house_church_ba_3.html .

58. Sauder y Mohler, p. 61.

59. Ibid.

60. Sauder y Mohler, p. 60.

61. Senter III, Mark H.; Wesley Black; Chap Clark; Malan Nel (2010-01-05). Four Views of Youth Ministry and the Church: Inclusive Congregational, Preparatory, Missional, Strategic (Cuatro Perspectivas del Ministerio Juvenil y la Iglesia: Congregacional Inclusivo, Preparatorio, Misionero, Estratégico) (YS Academic) (Ubicación en Kindle 3586-3589). Zondervan Publishing House [Editorial Zondervan]. Edición para Kindle.

62. Ibid., Ubicación en Kindle 3594-3608.

63. Jimmy Seibert, Reaching College Students through Cells (Alcanzando a los Estudiantes Universitarios a través de las Células) (Houston, TX: Touch Publications [Publicaciones Toque], 1997), p. 9.

64. Ibid., p. 47.

65. "100 conferencias" se refieren a unas trece cumbres de la CCMN, a unas treinta conferencias misioneras e internacionales y a unas sesenta conferencias regionales, nacionales y de supervisión.

66. Para más información sobre el tema, lee pp. 46-48 de Natural Church Development (Desarrollo Natural de la Iglesia) (Carol Stream, IL: ChurchSmart Resources [Recursos ChurchSmart], 1996).

67. Jon Ireland, Resolving Youth Workers Mistakes (Resolviendo Errores de los que Trabajan con Jóvenes), Disertación para el Doctorado en el Ministerio de Fuller (Pasadena, CA: Fuller Seminary [Seminario Fuller], 1999), p. 17.

68. Mike Yaconelli, The Core Realities of Youth Ministry (Las Realidades Centrales del Ministerio Juvenil) (Grand Rapids, MI: Zondervan Publishing House [Editorial Zondervan], 2003), p. 109.

69. Fields, Purpose Driven Youth Ministry (Ministerio Juvenil con Propósito), pp. 32-33.

70. Ibid., p. 36.

71. Morgan Lee, "Here's How 770 Pastors Describe Their Struggle with Porn" ("Así es como 770 Pastores Describen su Lucha con la Pornografía") Christianity Today (El Cristianismo Hoy) en línea, accedido el jueves 28 de enero de 2016 en http:// www.christianitytoday.com/gleanings/2016/january/ how-pastors-struggle-porn-phenomenon-josh-mcdowell-barna.html

72. Citado en Paul Borthwick, Feeding Your Forgotten Soul: Spiritual Growth for Youth Workers (Alimentando tu Alma Olvidada: Crecimiento Espiritual para los que Trabajan con Jóvenes) (Grand Rapids, MI: Zondervan Publishing House [Editorial Zondervan], 1990), p. 106.

73. El autor es anónimo y esta historia aparece como "Diary of a Mad Housewife" ("Diario de una Ama de Casa Furiosa") en The Wittenberg Door (La Puerta Wittenberg) (junio 1971) citado en Robbins, Duffy (2009-08-30) This Way to Youth Ministry: Companion Guide (Por Este Camino hacia el Ministerio Juvenil: Guía de Compañía) (YS Academic) (Kindle Locations 3174-3219). Zondervan/Especialidades Juveniles. Edición para Kindle.

74. Robbins, Ubicación en Kindle 3293-3298.

75. Mike Mason, The Practice of the Presence of People (La Práctica de la Presencia de las Personas) (Colorado Springs, CO: Waterbrook Press [Imprenta Waterbrook], 1999), p. 106.

76. Fields, Your First Two Years in Youth Ministry (Tus Primeros Dos Años en el Ministerio Juvenil) p. 163.

77. Michael J. Wilkins, Following the Master (Siguiendo al Maestro) (Grand Rapids, MI: Zondervan Publishing House [Editorial Zondervan], 1992), p. 109.

78. Kinnaman, Hawkins, Ubicación en Kindle 1932-1938.

79. Ray Johnston, Developing Student Leaders (Preparando a los Líderes Estudiantiles) (Grand Rapids, MI: Zondervan Publishing House [Editorial Zondervan], 1992), p. 32.

80. Patrick D. Miller, Deuteronomy—Interpretation: A Bible Commentary for Teaching and Preaching (Deuteronomio—Interpretación: Un Comentario Bíblico para Enseñar y Predicar) (Louisville, KY: John Knox Press [Imprenta John Knox], 1990), pp. 107-108. Ver más en: http://fulleryouthinstitute.org/articles/is-youth-ministry-in-the-bible#sthash.CHZQe2BP.dpuf

81. Christian Smith y Melinda Lundquist Denton, Soul Searching: The Religious and Spiritual Lives of American Teenagers (Buscando Almas: Las Vidas Religiosas y Espirituales de los Adolescentes Americanos) (Oxford, 2005), 261. Ver más en: http://fulleryouthinstitute.org/articles/is-youth-ministry-in-the-bible#sthash.CHZ-Qe2BP.dpuf

82. Jim Burns y Mike Devries, Partnering with Parents in Youth Ministry (Asociándose con los Padres en el Ministerio Juvenil) (Grand Rapids, MI: Baker Publishing Group [Editorial Baker], 2003) apuntan a una encuesta realizada por Barna Research (Investigación Barna) en 2003 que mostró que el 78% de los jóvenes indicaron que sus padres tenían más influencia en su toma de decisiones que cualquier otra persona en sus vidas.

83. Tim Smith, 8 Habits of an Effective Youth Worker (8 Hábitos de los que Trabajan con Jóvenes de Forma Eficaz) (Wheaton, IL: Victor Books [Libros Victor], 1995), pp. 83-85.

Recursos por Joel Comiskey

Se puede conseguir todos los libros
listados de *"Joel Comiskey Group"*
llamando al 1-888-511-9995
por hacer un pedido por Internet en
www.joelcomiskeygroup.com

Como dirigir un grupo celular con éxito:
para que las personas quieran regresar

¿Anhela la gente regresar a vuestras reuniones de grupo cada semana? ¿Os divertís y experimentáis gozo durante vuestras reuniones? ¿Participan todos en la discusión y el ministerio? Tú puedes dirigir una buena reunión de célula, una que transforma vidas y es dinámica. La mayoría no se da cuenta que pu- ede crear un ambiente lleno del Señor porque no sabe cómo. Aquí se comparte el secreto. Esta guía te mostrará cómo:

- • Prepararte espiritualmente para escuchar a Dios durante la reunión
- • Estructurar la reunión para que fluya
- • Animar a las personas en el grupo a participar y compartir abiertamente sus vidas
- • Compartir tu vida con otros del grupo
- • Crear preguntas estimulantes
- • Escuchar eficazmente para descubrir lo que pasa en la vida de otros
- • Animar y edificar a los demás miembros del grupo
- • Abrir el grupo para recibir a los no-cristianos
- • Tomar en cuenta los detalles que crean un ambiente acogedor.

Al poner en práctica estas ideas, probabas a través del tiempo, vuestras reuniones de grupo llegarán a ser lo más importante de la semana para los miembros. Van a regresar a casa queriendo más y van a regresar cada semana trayendo a personas nuevas con ellos. 140 páginas.

La explosión de los grupos celulares en los hogares:
Cómo su grupo pequeño puede crecer y multiplicarse

Este libro cristaliza las conclusiones del autor en unas 18 áreas de investigación, basadas en un cuestionario meticuloso que dio a líderes de iglesias celulares en ocho países alrededor del mundo— lugares que él personalmente visitó para la investigación. Las notas detalladas al fin del libro ofrecen al estudiante del crecimiento de la iglesia celular una rica mina a seguir explorando. Lo atractivo de este libro es que no sólo resume los resultados de su encuesta en una forma muy convincente sino que sigue analizando, en capítulos separados, muchos de los resultados de una manera práctica. Se espera que un líder de célula en una iglesia, una persona haciendo sus prácticas o un miembro de célula, al completar la lectura de este libro fácil de leer, ponga sus prioridades/valores muy claros y listos para seguirlos. Si eres pastor o líder de un grupo pequeño, ¡deberías devorar este libro! Te animará y te dará pasos prácticos y sencillos para guiar un grupo pequeño en su vida y crecimiento dinámicos. 175 páginas.

Una cita con el Rey: *Ideas para arrancar tu vida devocional*

Con agendas llenas y largas listas de cosas por hacer, muchas veces la gente pone en espera la meta más importante de la vida: construir una relación íntima con Dios. Muchas veces los creyentes quieren seguir esta meta pero no saben como hacerlo. Se sienten frustrados o culpables cuando sus esfuerzos para tener un tiempo devocional personal parecen vacíos y sin fruto. Con un estilo amable y una manera de escribir que da ánimo, Joel Comiskey guía a los lectores sobre cómo tener una cita diaria con el Rey y convertirlo en un tiempo emocionante que tienes ganas de cumplir. Primero, con instrucciones pasoa-paso de cómo pasar tiempo con Dios e ideas prácticas para experimentarlo con más plenitud, este libro contesta la pregunta, "¿Dónde debo comenzar?". Segundo, destaca los beneficios de pasar tiempo con Dios, incluyendo el gozo, la victoria sobre el pecado y la dirección espiritual. El libro ayudará a los cristianos a hacer la conexión con los recursos de Dios en forma diaria para que, aún en medio de muchos quehaceres, puedan caminar con él en intimidad y abundancia. 175 páginas.

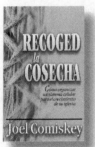

Recoged la cosecha: *Como el sistema de grupos pequeños puede hacer crecer su iglesia*

¿Habéis tratado de tener grupos pequeños y habéis encontrado una barrera? ¿Os habéis preguntado por qué vuestros grupos no producen el fruto prometido? ¿Estáis tratando de hacer que vuestros grupos pequeños sean más efectivos? El Dr. Joel Comiskey, pastor y especialista de iglesias celulares, estudió las iglesias celulares más exitosas del mundo para determinar por qué crecen. La clave: han adoptado principios específicos. En cambio, iglesias que no adoptan estos principios tienen problemas con sus grupos y por eso no crecen. Iglesias celulares tienen éxito no porque tengan grupos pequeños sino porque los apoyan. En este libro descubriréis cómo trabajan estos sistemas. 246 páginas.

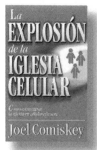

La Explosión de la Iglesia Celular: Cómo Estructurar la Iglesia en *Células Eficaces* (Editorial Clie, 2004)

Este libro se encuentra sólo en español y contiene la investigación de Joel Comiskey de ocho de las iglesias celulares más grandes del mundo, cinco de las cuales están en Latinoamérica. Detalla cómo hacer la transición de una iglesia tradicional a la estructura de una iglesia celular y muchas otras perspicacias, incluyendo cómo mantener la historia de una iglesia celular, cómo organizar vuestra iglesia para que sea una iglesia de oración, los principios más importantes de la iglesia celular, y cómo levantar un ejército de líderes celulares. 236 páginas.

Grupos de doce: *Una manera nueva de movilizar a los líderes y multiplicar los grupos en tu iglesia*

Este libro aclara la confusión del modelo de Grupos de 12. Joel estudió a profundidad la iglesia Misión Carismática Internacional de Bogotá, Colombia y otras iglesias G12 para extraer los principios sencillos que G12 tiene para ofrecer a vuestras iglesias. Este libro también contrasta el modelo G12 con el clásico 5x5 y muestra lo que podéis hacer con este nuevo modelo de ministerio. A través de la investigación en el terreno, el estudio de casos internacionales y la experiencia práctica, Joel Comiskey traza los principios del G12 que vuestra iglesia puede ocupar hoy. 182 páginas.

De doce a tres: *Cómo aplicar los principios G12 a tu iglesia*

El concepto de Grupos de 12 comenzó en Bogotá, Colombia, pero ahora se ha extendido por todo el mundo. Joel Comiskey ha pasado años investigando la estructura G12 y los principios que la sostienen. Este libro se enfoca en la aplicación de los principios en vez de la adopción del modelo entero. Traza los principios y provee una aplicación modificada que Joel llama G12.3. Esta propuesta presenta un modelo que se puede adaptar a diferentes contextos de la iglesia. La sección final ilustra como implementar el G12.3 en diferentes tipos de iglesias, incluyendo plantaciones de iglesias, iglesias pequeñas, iglesias grandes e iglesias que ya tienen células. 178 paginas.

Explosión de liderazgo: *Multiplicando líderes de células para recoger la cosecha*

Algunos han dicho que grupos celulares son semilleros de líderes. Sin embargo, a veces, aún los mejores grupos celulares tienen escasez de líderes. Esta escasez impide el crecimiento y no se recoge mucho de la cosecha. Joel Comiskey ha descubierto por qué algunas iglesias son mejores que otras en levantar nuevos líderes celulares. Estas iglesias hacen más que orar y esperar nuevos líderes. Tienen una estrategia intencional, un plan para equipar rápidamente a cuantos nuevos líderes les sea posible. En este libro descubriréis los principios basados de estos modelos para que podáis aplicarlos. 202 páginas.

Elim: *Cómo los grupos celulares de Elim penetraron una ciudad entera para Jesús*

Este libro describe como la Iglesia Elim en San Salvador creció de un grupo pequeño a 116.000 personas en 10.000 grupos celulares. Comiskey toma los principios de Elim y los aplica a iglesias en Norteamérica y en todo el mundo.
158 páginas.

Cómo ser un excelente asesor de grupos celulares: *Perspicacia práctica para apoyar y dar mentoría a lideres de grupos celulares*

La investigación ha comprobado que el factor que más contribuye al éxito de una célula es la calidad de mentoría que se provee a los líderes de grupos celulares. Muchos sirven como entrenadores, pero no entienden plenamente qué deben hacer en este trabajo. Joel Comiskey ha identificado siete hábitos de los grandes mentores de grupos celulares. Éstos incluyen: Animando al líder del grupo celular, Cuidando de los aspectos múltiples de la vida del líder, Desarrollando el líder de célula en varios aspectos del liderazgo, Discerniendo estrategias con el líder celular para crear un plan, Desafiando el líder celular a crecer. En la sección uno, se traza las perspicacias prácticas de cómo desarrollar estos siete hábitos. La sección dos detalla cómo pulir las destrezas del mentor con instrucciones para diagnosticar los problemas de un grupo celular. Este libro te preparará para ser un buen mentor de grupos celulares, uno que asesora, apoya y guía a líderes de grupos celulares hacia un gran ministerio. 139 páginas.

Cinco libros de capacitación

Los cinco libros de capacitación son diseñados a entrenar a un creyente desde su conversión hasta poder liderar su propia célula. Cada uno de estos cinco libros contiene ocho lecciones. Cada lección tiene actividades interactivas que ayuda al creyente reflexionar sobre la lección de una manera personal y práctica.

Vive comienza el entrenamiento con las doctrinas básicas de la fe, incluyendo el baptismo y la santa cena.

Encuentro guíe un creyente a recibir libertad de hábitos pecaminosos. Puede usar este libro uno por un o en un grupo.

Crece explica cómo tener diariamente un tiempo devocional, para conocer a Cristo más íntimamente y crecer en madurez.

Comparte ofrece una visión práctica para ayudar a un creyente comunicar el evangelio con los que no son cristianos. Este libro tiene dos capítulos sobre evangelización a través de la celula.

Dirige prepare a un cristiano a facilitar una célula efectiva. Este libro será bueno para los que forman parte de un equipo de liderazgo en una célula.

El Discípulo Relacional: Como Dios Usa La Comunidad para Formar a los Discípulos de Jesús

Jesús vivió con sus discípulos por tres años enseñándoles lecciones de vida en grupo. Luego de tres años les mandó que "fueran e hicieran lo mismo" (Mateo 28:18-20). Jesús discipuló a sus seguidores por medio de relaciones interpersonales—y espera que nosotros hagamos lo mismo. A lo largo de las Escrituras encontramos abundantes exhortaciones a servirnos unos a otros. Este libro le mostrará cómo hacerlo. La vida de aislamiento de la cultura occidental de hoy crea un deseo por vivir en comunidad y el mundo entero anhela ver discípulos relacionales en acción. Este libro alentará a los seguidores de Cristo a permitir que Dios use las relaciones naturales de la vida: familia, amigos, compañeros de trabajo, células, iglesia y misiones para moldearlos como discípulos relaciones.

El Grupo Celular Lleno del Espíritu: *Haz Que Tu Grupo Experimente Los Dones Espirituales*

El centro de atención de muchos grupos celulares hoy en día ha pasado de ser una transformación dirigida por el Espíritu a ser simplemente un estudio bíblico. Pero utilizar los dones espirituales de todos los miembros del grupo es vital para la eficacia del grupo. Con una perspectiva nacida de la experiencia de más de veinte años en el ministerio de grupos celulares, Joel Comiskey explica cómo tanto los líderes como los participantes pueden ser formados sobrenaturalmente para tratar temas de la vida real. Pon estos principios en práctica y ¡tu grupo celular nunca será el mismo!

Mitos y Verdades de la Iglesia Celular: *Principios Claves que Construyen o Destruyen un Ministerio Celular*

La mayor parte del movimiento de la iglesia celular de hoy en día es dinámico, positivo y aplicable. Como ocurre con la mayoría de los esfuerzos, los errores y las falsas suposiciones también surgen para destruir un movimiento que es en realidad sano. Algunas veces estos falsos conceptos han hecho que la iglesia se extravíe por completo. En otras ocasiones condujeron al pastor y a la iglesia por un callejón sin salida y hacia un ministerio infructuoso. Sin tener en cuenta cómo se generaron los mitos, estos tuvieron un efecto escalofriante en el ministerio de la iglesia. En este libro, Joel Comiskey aborda estos errores y suposiciones falsas, ayudando a pastores y líderes a desenredar las madejas del legalismo que se han escabullido dentro del movimiento de la iglesia celular. Joel luego dirige a los lectores a aplicar principios bíblicos probados a través del tiempo, los cuales los conducirán hacia un ministerio celular fructífero.

Fundamentos Bíblicos para la Iglesia Basada en Células: Percepciones del Nuevo Testamento para la Iglesia del Siglo Veintiuno

¿Por qué la iglesia celular? ¿Es porque la iglesia de David Cho es una iglesia celular y sucede que es la iglesia más grande en la historia del cristianismo? ¿Es porque la iglesia celular es la estrategia que muchas "grandes" iglesias están usando? La verdad es que la Biblia es el único fundamento sólido para cualquier cosa que hagamos. Sin un fundamento bíblico, no tenemos un fuerte apuntalamiento en el que podamos colgar nuestro ministerio y filosofía. En Fundamentos Bíblicos para la Iglesia Basada en Células, el Dr. Comiskey establece la base bíblica para el ministerio de grupos pequeños. Comiskey primero examina la comunidad dentro de la Trinidad y la estructura familiar del grupo pequeño en el Antiguo Testamento. Luego explora cómo Jesús implementó la nueva familia de Dios a través de las comunidades estrechamente unidas que encontramos en las iglesias en las casas. Comiskey luego cubre ampliamente cómo la iglesia primitiva se reunía en las casas, levantó liderazgos desde el interior y reunió a las iglesias en las casas para celebrar. El libro concluye exponiendo cómo las iglesias pueden aplicar de manera práctica los principios bíblicos encontrados en este libro.

2000 Años de Grupos Pequeños

Este libro es una crónica sobre el Grupo Pequeño o Movimiento Celular, partiendo de la época de Jesús hasta llegar a la explosión celular en los tiempos modernos. Comiskey destaca las fortalezas y debilidades de estos movimientos históricos de grupos pequeños, y aplica estos principios a la iglesia actual. Crecerás en gratitud y en entendimiento de los valores clave de las células a causa de aquellos pioneros que allanaron el camino. También aprenderás a apreciar a esos líderes que estremecieron al mundo y que se enfrentaron con mayores obstáculos que los que nos enfrentamos en la actualidad al implementar grupos pequeños. Y así como ellos encontraron soluciones en medio de la persecución y la prueba, Dios te ayudará a perseverar, a encontrar soluciones, y finalmente llevar fruto abundante para su reino y gloria.

Children in Cell Ministry: Discipling the Future Generation Now

Joel Comiskey challenges pastors and leaders to move from simply educating children to forming them into disciples who make disciples. Comiskey lays out the Biblical base for children's ministry and then encourages pastors and leaders to formulate their own vision and philosophy for ministry to children based on the Biblical text. Comiskey highlights how to disciple children in both the large group and the small group. He quickly moves into practical examples of intergenerational cell groups and how effective cell churches have implemented this type of group. He then writes about children only cell groups, citing many practical examples from some of the most effective cell churches in the world. Comiskey covers equipping for children, how to equip the parents, and mistakes in working with children in the cell church. This book will help those wanting to minister to children both in large and small groups. rch.